Laura Rosucci

Laisser partir maintenant votre chagrin d'amour, se débarrasser de la dépendance affective

---

Bonus :

Un livre pour apprendre à lâcher prise

Mise à jour de livre : !

Cette nouvelle édition du livre a été mise à jour le 1er février 2023 avec plus de contenu précieux et valeureux pour votre plus grand bénéfice. Profitez de cette mise à jour pour une expérience de lecture encore plus enrichissante."

Mise à jour Février 2023
ISBN : 9798547334184

Dépôt légal juillet 2021

Table des matières

Introduction :

Passer par une rupture peut être douloureux. J'ai également vécu cela et je sais que vous voulez probablement savoir comment surmonter la douleur, comment arrêter de chercher la cause, comment arrêter de vous interroger sur la faute, comment surmonter ce changement et continuer votre quotidien et surtout, comment arrêter de le regretter.

Les peurs et la culpabilité sont les premiers sentiments qui vous tourmentent, entraînant un cercle vicieux :

- ✓ Vous essayez d'oublier votre ex, mais vous continuez à penser à lui.
- ✓ Vous imaginez toujours ce qui se passerait s'il revenait.
- ✓ Vous rêvez de lui et passez vos journées à vous demander si ce rêve signifie quelque chose.
- ✓ Il y a des jours où vous vous sentez remis et d'autres où vous pleurez son absence.
- ✓ Vous passez de nombreuses heures de votre journée à parler de lui.
- ✓ Vous êtes toujours curieux de savoir comment il va.
- ✓ Vous fantasmez sur votre futur retour.
- ✓ Vous espérez encore qu'un jour il regrettera.
- ✓ Vous voulez faire sortir votre ex de votre esprit.

L'amour est un sentiment puissant, mais malheureusement, toutes les belles histoires ne se terminent pas heureusement. La fin d'une relation est toujours douloureuse et difficile à gérer. Cela peut changer presque tout dans votre vie et cette personne qui était votre priorité vous quitte sans que vous sachiez comment continuer sans elle. Mais vous savez quoi? La vie peut être tellement mieux désormais, car vous aurez désormais tout le temps pour vivre à votre guise. Bien que la première chose à faire soit de soigner vos blessures et d'apprendre à vivre sans cette personne, ce livre facile à lire et sans textes compliqués vous montrera comment oublier votre ex le plus rapidement possible avec des astuces faciles à mettre en pratique dans votre quotidien et vous permettra de retrouver votre indépendance affective.

Il s'agit d'un guide complet qui vous accompagne pas à pas dans un processus pratique, dynamique et efficace pour vaincre la dépendance affective, surmonter votre rupture et votre chagrin d'amour et vous aider à reconstruire votre vie en apprenant à aimer sans commettre les mêmes erreurs. Cela va plus loin que simplement surmonter votre rupture amoureuse. Il vous apprend pas à pas comment guérir votre chagrin d'amour, retrouver votre force intérieure.

Ce que le livre vous apporte l'outil qui vous guidera pas à pas pour:

- ✓ Arrêter de ressentir de la nostalgie pour votre ex
- ✓ Accepter la fin de la relation avec votre ex
- ✓ Surmonter la peur de la solitude
- ✓ Retrouver confiance en vous
- ✓ Cesser de vous considérer comme responsable
- ✓ Maîtriser et contrôler vos pensées
- ✓ Déterminer la personne que vous souhaitez devenir à l'avenir
- ✓ Identifier les habitudes qui vous empêchent de vous remettre de votre ex
- ✓ Gérer la perte
- ✓ Les étapes pour tourner la page
- ✓ L'outil pour changer votre image de vous-même
- ✓ La motivation nécessaire pour entamer de nouvelles activités
- ✓ Apprendre à lâcher prise après une rupture amoureuse
- ✓ Etc.

Partie I : Pourquoi Mon Ex… ?

Mettre fin à une relation n'est jamais facile, surtout lorsque c'est l'autre personne qui a pris cette décision. Il peut être difficile d'accepter la rupture et de ne plus faire partie de la vie de l'autre personne. Nous pouvons ressentir de la colère et de la tristesse, car il peut être difficile de comprendre comment une personne qui nous était si proche peut nous abandonner.

- **Le processus de deuil :** Il est important de comprendre que la personne qui a mis fin à la relation peut également être affectée par cette décision. Même si elle a pris la décision finale, cela a nécessité une évaluation de beaucoup de choses et le renoncement à un lien, donc elle devra également faire un deuil pour reconstruire sa vie.

- **Rancœur :** Selon les raisons de la fin de la relation, il peut y avoir du ressentiment ou de la colère. Les raisons qui ont poussé l'autre personne à ne plus vouloir continuer avec nous peuvent être à cause de quelque chose qui l'a dérangé et qui peut maintenant entraîner une colère et un ressentiment persistants.

- **Changement de priorités :** Après la rupture, l'autre personne a déclaré que nous ne sommes plus une priorité pour elle. Cela peut être une des raisons pour lesquelles elle a décidé de mettre fin à la relation. Si tel est le cas, il peut être difficile pour elle de trouver du temps à passer avec nous, car elle a choisi de consacrer son temps à d'autres choses.

- **Tiers :** Il est possible que votre ex-partenaire soit passé à autre chose ou qu'il ait rencontré quelqu'un d'autre. Si c'est le cas, vous devez comprendre qu'il peut être logique pour lui d'éviter tout contact avec vous.

Que faire si mon ex refuse de me voir ou de me parler ?

L'autre partenaire a pris une décision qui nous fait souffrir et nous ne savons pas quoi faire. Voici quelques idées pour gérer cette situation si votre ex ne veut plus vous voir ou vous parler.

- **Faire un rituel d'adieu :** Parfois, quand une personne quitte notre vie sans explication, la meilleure chose à faire est d'accepter la situation et de trouver une solution. Pour cela, il peut être utile de faire quelque chose pour dire adieu à cette personne sans qu'elle soit présente, et pour avancer dans notre vie. Vous pouvez : écrire une lettre d'adieu et la ranger ou la détruire.

- **Faire le deuil :** Il est normal de vouloir éviter ce qui nous rend triste, et donc d'essayer de se remettre avec son ex ou de lui parler pour trouver une solution. Une rupture est une perte et nécessite donc un deuil. N'ayez pas peur de le faire. Sentez la tristesse de ne plus être avec votre ex, pleurez, soyez en colère si besoin... vous verrez qu'en vous permettant de ressentir la perte, vous pourrez un jour l'accepter et même en tirer des enseignements.

- **Demander une explication** : Il est possible que votre ex refuse de vous voir ou de vous parler par peur que vous lui demandiez de vous reprendre, mais ce qui vous empêche d'avancer peut être le fait que vous ne compreniez pas les raisons de la rupture. Si tel est le cas, envoyez-lui un message et expliquez ce dont vous avez besoin pour avancer dans votre vie.

Exemple de message : "Je sais que tu ne veux pas me voir, mais j'ai réfléchi et il y a des éléments de notre rupture que je ne comprends pas. Mon intention n'est pas de réessayer, je comprends que tu ne le veux pas, mais j'ai besoin de comprendre ce qui s'est passé pour pouvoir avancer. Je serais reconnaissant si on pouvait en parler."

Le meilleur moyen de faire face à l'absence de votre ex peut être de vous changer les idées. Pensez à ce que vous voulez faire depuis longtemps mais que vous avez reporté faute de temps ou d'opportunité. C'est le moment de le faire. Prenez le risque et faites ce que vous avez envie de faire depuis longtemps. Voici comment surmonter une rupture :

Comment savoir si mon ex ne m'aime plus ?

La rupture peut avoir été causée par différentes raisons. Cette analyse peut également nous donner de nombreux indices sur la possibilité que l'ex-partenaire nous aime toujours ou non. Si la rupture est due à l'une des raisons énumérées ci-dessous, il est probable que le partenaire a déjà d'autres projets dans sa vie et qu'ils sont indépendants des nôtres. Par conséquent, il est probable que votre ex ne vous aime plus :

- **Des sentiments différents :** Si la rupture est due au fait que les sentiments de votre ex envers vous ont changé, il faut comprendre qu'il peut ne plus vous aimer comme avant ou ne plus vous voir comme un couple, mais plutôt comme un ami.

- **Incompatibilité :** Il se peut que la raison soit que votre ex considère que vous n'êtes pas compatibles. Si l'ex-partenaire a remarqué cela en vous, il peut être difficile pour lui de ressentir ce qu'il ressentait au début.

- **Autre personne :** Si la raison de la rupture est l'apparition de quelqu'un d'autre, cela peut être un signe clair que vous ne prenez plus la place que vous occupiez auparavant dans sa vie.

Mon ex me manque : que dois-je faire ?

Lorsqu'une rupture se produit, de nombreuses émotions sont souvent déclenchées, certaines agréables, telles que la libération ou un sentiment d'espoir, et d'autres désagréables, telles que la peur, la culpabilité, un sentiment d'échec ou la tristesse. Il est très fréquent de se poser la question : comment puis-je savoir si mon ex me manque, pourquoi mon ex me manque-t-il si je l'ai quitté, ou même pourquoi mon ex me manque-t-il autant après des années. Personne n'aime ressentir ces émotions considérées comme négatives, mais elles sont nécessaires pour émerger plus fort de la rupture.

Pourquoi mon ex me manque ?

Lorsque nous vivons une rupture, nous entamons un processus de deuil au cours duquel nous passerons probablement par différentes étapes. Au début, nous pouvons être en état de choc, figés et engourdis. Au fil du temps, nous ressentirons une douleur plus profonde, pendant laquelle nous pouvons nous sentir sans valeur sans l'autre personne. Lorsqu'un lien est fort et profond et que nous le perdons, nous passons par une phase de besoin intense de cette personne. Cependant, il est nécessaire de ressentir cette douleur pour être en mesure de se détacher de cette personne plus tard. Il n'est pas facile de gérer la frustration associée au fait que les choses ne se passent pas comme nous le souhaitons. Il y a des moments où nous avons tendance à chercher des raisons, à blâmer ou à nous critiquer.

Mon ex me manque.

Analyser et apprendre de ce qui s'est passé peut aider à grandir, mais ne pas juger ni blâmer, car cela ne ferait qu'accroître la souffrance. Il est conseillé de faire sortir la colère, produit de la frustration des attentes, des projets communs et de votre cœur brisé. Exprimer nos émotions peut nous aider, même si cela ne change pas la situation. Laisser le chagrin suivre son cours.

La douleur doit être vécue, ne pas arrêter la spontanéité de nos sentiments, ne pas essayer de dissimuler la douleur. Même si cela ne semble pas être le cas, souffrir, pleurer, réfléchir... nous aidera à faire face à la perte. Il est essentiel de travailler sur les émotions et de ne pas les fuir. Prenez du temps pour vous et pensez à ce que vous voulez pour votre futur. Il est important de ne pas s'accrocher à l'idée de récupérer votre ex, mais plutôt de travailler sur votre propre développement personnel et de trouver des moyens de vous rendre heureux. Vous pouvez également consulter un thérapeute si vous ressentez le besoin d'une aide supplémentaire pour faire face à vos émotions. Finalement, souvenez-vous que les temps difficiles passent et que vous trouverez une nouvelle stabilité et bonheur. N'ayez pas peur de tourner la page et de vous donner la chance d'être heureux à nouveau.

Comment arrêter de regretter son ex ?

Que faire lorsque votre ex vous manque et que vous ne souhaitez pas y retourner ? Maintenant que vous comprenez le processus de deuil suite à une rupture, vous devriez prendre en compte ces conseils pour éviter que votre ex ne vous manque plus :

- **Acceptez la fin de la relation.** Le processus de séparation et de guérison prend du temps, ne vous mettez pas sous pression.
- **Coupez les contacts.** Le désir de se remettre avec son ex est normal, notre esprit est habitué à sa présence et nous lui associons tout. Cependant, ne cédez pas à la tentation de le recontacter.
- **La vie continue,** donc poursuivez vos objectifs et aspirations. Concentrez-vous sur vous-même et développez votre épanouissement personnel, apprenez à mieux vous connaître et découvrez vos motivations.
- **Créez de nouveaux souvenirs.** Il ne s'agit pas d'éviter les endroits où vous alliez avec votre ex, mais plutôt de créer de nouveaux souvenirs en compagnie de vos amis ou de votre famille.

- **Soyez ouvert à de nouvelles expériences.** Même si vous avez eu une mauvaise expérience avec votre ex, n'ayez pas peur et ouvrez-vous à de nouvelles aventures. Personne ne veut souffrir, mais en refusant de souffrir à un moment donné, vous renoncez à l'amour.
- **Écrivez vos sentiments** ou en parlez à une personne de confiance. C'est un bon moyen de vider ce qui vous bouleverse, sans avoir à contacter votre ex.
- **Débarrassez-vous des objets** qui vous font penser à lui/elle. Conservez ses affaires, vous n'êtes pas obligé de les jeter, vous pourrez peut-être les récupérer plus tard, lorsque vous aurez tourné la page.
- **Ne vous isolez pas.** Nos amis et notre famille sont la source la plus importante de soutien émotionnel. Il est également bon d'élargir votre cercle social, de rencontrer de nouvelles personnes qui apportent de nouvelles sensations.
- **Occupez votre esprit,** partez en voyage ou profitez de vos loisirs. Vous occuperez votre esprit et comblerez les vides laissés par votre ex.
- **Vivre dans le présent.** Faites des choses qui vous plaisent et vous remplissent, et ne pensez pas aux projets futurs pour un certain temps.

Combien de temps ressens-je le manque de mon ex ?

Le temps nécessaire pour surmonter la douleur de la perte dépend de nombreux facteurs : notre personnalité, nos expériences de vie, le soutien émotionnel que nous recevons de notre famille et de nos amis, notre âge... et évidemment, le type de rupture que nous avons vécu. Cela dépend également de la relation que vous entreteniez avec cette personne. Si vous continuez à vous envoyer des messages ou à recevoir des nouvelles à travers les médias sociaux, il sera difficile de tourner la page sur cette relation. Il est normal que votre ex vous manque pendant quelques mois, mais si votre ex vous manque toujours intensément après plusieurs années, il est temps de repenser aux choses qui vous empêchent de surmonter votre deuil et de passer à autre chose.

Si vous constatez que le temps passe et que vous ne pouvez pas vous empêcher de penser à votre ex-partenaire, ce qui affecte votre vie quotidienne ou vos relations avec les autres, il est recommandé de consulter un professionnel.

Comment faire revenir mon ex ?

Que faire lorsque votre ex vous manque et que vous souhaitez vous remettre ensemble ? Si vous voulez vous remettre avec votre ex-partenaire, vous devez vous assurer que ce n'est pas uniquement à cause de la peur de la solitude, mais que vous souhaitez partager votre vie avec cette personne parce que vous vous complétez mutuellement. Si votre motivation est uniquement de ne pas être seul, il est conseillé de travailler sur votre estime de vous-même, vos croyances et votre autonomie.

Il n'y a pas de méthode garantie pour faire revenir son ex, mais voici quelques conseils qui peuvent aider :

- ✓ Prenez le temps de vous comprendre et de comprendre la raison de la rupture.
- ✓ Soyez honnête sur vos sentiments et vos intentions.
- ✓ Écoutez attentivement ce que votre ex a à dire et respectez leur décision s'ils ne veulent pas revenir.
- ✓ Montrez-leur que vous avez changé et que vous êtes prêt à travailler sur les problèmes qui ont causé la rupture.
- ✓ Donnez-leur de l'espace et ne soyez pas trop insistant.

La décision de se remettre ensemble doit être mutuelle et basée sur l'amour et le respect réciproques. Si vous forcez quelqu'un à revenir, il est peu probable que la relation soit saine et durable.

Comment surmonter une obsession avec mon ex ?

Lorsqu'une personne est obsédée par son ex-petit ami ou son ex-petite amie, elle a l'impression que cette personne occupe une grande partie de ses pensées, ce qui altère sa capacité d'attention consciente dans le présent. Lorsqu'une personne se sent à ce point, elle remarque que sa qualité de vie est considérablement réduite parce que son centre vital n'est pas en elle-même, car elle a placé le centre du bonheur à un autre endroit. Il existe différents degrés d'obsession, cependant, dans une situation de ce type, il est important que la personne prenne conscience de ce qui lui arrive afin de le corriger. Pour pouvoir prendre la décision de changer, il est important d'identifier l'origine du malaise, qui est l'obsession elle-même.

Quels sont les symptômes qui produisent cette expérience ?

1. Des changements dans votre mode de vie.

Cette situation a entraîné des changements importants dans votre routine et peut affecter la qualité de votre repos, votre productivité ou vos projets de loisirs, en raison du niveau d'énergie que vous consacrez à penser à cette personne. Cette énergie est une dépense et non un investissement, précisément parce qu'au lieu de contribuer à votre bien-être, elle génère de l'inconfort. Par conséquent, vous devez également écouter vos sensations et vos sentiments pour vous rendre compte qu'au-delà des moments spécifiques et très précis de l'illusion apparente, vous vivez une gueule de bois émotionnelle de frustration et de malaise.

2. Vous avez négligé d'autres personnes.

Vous êtes tellement conscient de ce que fait votre ex-partenaire qu'il occupe une grande partie de vos pensées. Des personnes de votre entourage vous ont dit que vous leur manquiez ou qu'elles avaient remarqué que vous étiez différent. Il se peut que, d'un point de vue temporel, vous continuiez à voir ces personnes fréquemment, mais du point de vue de l'implication dans ces réunions, votre rôle est secondaire. Vous êtes à un endroit mais votre esprit est ailleurs.

3. vous prenez leurs actions personnellement.

Vous vivez tellement sur ce que votre ex dit ou fait que vous prenez personnellement votre interprétation de ses attitudes. Et cela vous fait souffrir inutilement, car il est très probable que nombre de ses comportements n'ont rien à voir avec vous, mais avec sa propre décision d'agir de la sorte. La raison pour laquelle vous prenez cette information personnellement est que vous la vivez de cette façon.

Comment surmonter une obsession pour mon ex ?

Voici quelques idées qui peuvent vous aider à prendre de la distance à ce moment de votre vie, afin de savoir comment surmonter votre obsession pour votre ex.

1. **Couper le contact en ligne :** Rompez le contact avec votre ex par le biais des médias sociaux. Faites-le pour votre propre bien, arrêtez de le/la suivre sur les réseaux où vous le/la suivez encore et arrêtez de consulter ses profils. Chaque information que vous recevez de l'autre personne alimente votre obsession, au contraire, cette pause virtuelle peut vous aider à vous concentrer sur votre propre vie. Peut-être qu'au début, vous ne comprenez pas pourquoi vous devriez faire ce pas, peut-être que vous vous justifiez en disant que vous n'allez pas vérifier leurs profils sociaux, cependant, ces idées sont des pièges que vous vous tendez face à la résistance qui vous maintient attaché à votre zone de confort.

2. **Mode de vie lent :** C'est le bon moment pour introduire un nouveau point de vue dans votre existence grâce à un état d'esprit qui fait l'éloge de la détente et de la simplicité à travers l'alimentation consciente, la pleine conscience, le soin des fleurs et le slow déco. Essayez d'échapper à la tendance à la précipitation et anticipez pour être là où vous êtes.

3. **Votre bonheur n'est pas avec cette personne :**L'obsession est un signe que votre bonheur ne va pas dans le sens que vous souhaitiez. Essayez de l'accepter. Ouvrez votre cœur à la possibilité de rencontrer de nouvelles personnes et partagez du temps avec ces amis qui vous nourrissent par leurs mots, leur compagnie et leurs silences. Des gens qui ont foi en vous et en votre capacité à surmonter cette obsession.

4. **Ne procrastinez pas :** Ne remettez pas à plus tard votre résolution de vous éloigner de cette obsession. Vous augmentez votre pouvoir lorsque vous saisissez l'opportunité que ce jour vous offre de changer la direction du chemin sur lequel vous êtes. Faites quelque chose aujourd'hui qui sera une ancre de force pour oublier cette personne et commencer un nouveau chapitre. Par exemple, supprimez tous les messages WhatsApp ou déchirez leurs photos. C'est peut-être le bon moment pour partir en voyage et prendre un peu de distance pour penser à vous.

5. **Vivez en vous concentrant sur votre propre vie :** Et croyez que, par la loi naturelle, la conséquence de cette attitude est que cette obsession devient chaque jour un peu plus petite. Et un matin, quand vous vous réveillerez, vous vous rendrez compte que cette réalité appartient au passé car elle vous a complètement dépassé. Apprenez à oublier le passé et à vivre dans le présent.

Autres conseils:

- ✓ Demandez l'aide d'un professionnel si vous pensez avoir besoin de conseils avisés pour mener à bien ce processus.
- ✓ Éteignez votre téléphone portable plus souvent. Vaincre l'obsession peut également impliquer la nécessité de briser votre dépendance à la technologie.
- ✓ Prenez soin de vous physiquement et mentalement. Par exemple, appréciez l'expérience d'aller chez le coiffeur et le

plaisir de vous sentir bien lorsque vous vous regardez dans le miroir.

- ✓ Trouvez un bon refuge dans la lecture. Vous pouvez trouver des pairs avec qui partager vos impressions sur les œuvres dans un club de lecture.
- ✓ Fixez-vous de petits objectifs émotionnels quotidiens. Par exemple, aujourd'hui, n'écrivez pas de messages à cette personne ou ne demandez pas de renseignements sur elle à vos amis communs.

Une obsession produit une souffrance sous la forme d'un poids dont vous méritez de vous libérer en laissant consciemment partir cette personne dans votre esprit et votre cœur.

Pourquoi mon ex m'ignore et que faire ?

Mettre fin à une relation n'est jamais facile, surtout si c'est l'autre qui nous quitte. Nous tentons souvent de rester en contact, mais souvent sans succès si l'ex nous ignore délibérément. Cela peut causer un vide et de la colère, car nous ne comprenons pas comment une personne avec laquelle nous avions une forte connexion peut passer de l'amour à l'ignorance totale. Nous allons examiner les raisons possibles pour lesquelles votre ex vous ignore et quoi faire. Il faut garder à l'esprit que les raisons peuvent varier selon le fait que c'est vous ou l'autre qui a mis fin à la relation.

Raisons possibles :

Si c'est l'autre qui a rompu, il est probable qu'ignorer vous soit une conséquence de ses sentiments en cours de transition.
Autres raisons possibles incluent le besoin de de la distance, de l'espace, le deuil, la peur de vous blesser, et plus encore.

Les raisons les plus probables pour lesquelles votre ex vous ignore sont :

1. **La personne a encore des sentiments pour vous** : Il arrive souvent que les couples se séparent non pas à cause d'un manque d'amour, mais à cause d'attitudes et de comportements qui les rendent mal à l'aise. Pour éviter de souffrir et d'être malheureux, ils décident alors de mettre fin à la relation. Si tel est le cas, votre ex pourrait être en train d'essayer de vous oublier en maintenant ses distances.

2. **Il/elle ne joue qu'à des jeux avec vous :** Il y a beaucoup de personnes manipulatrices dans notre société qui cherchent à susciter l'admiration et la dépendance des autres. Lorsqu'ils mettent fin à une relation, leur seul but est de voir jusqu'où vous êtes prêt à aller pour la récupérer. Si vous avez déjà eu l'impression d'être avec une personne manipulatrice, il vaut mieux l'ignorer également.

3. **Vous avez besoin de plus de temps :** Comprendre les raisons d'une rupture peut être un processus douloureux. Cela s'applique plus particulièrement aux cas où c'est vous qui avez rompu la relation. Les couples qui se séparent cherchent en général à le faire de manière pacifique en maintenant une bonne relation. Cependant, même si la rupture est amicale, il arrive que les ex aient besoin de plus de temps pour comprendre pourquoi vous avez rompu avec eux. Cela ne signifie pas qu'ils vous ignoreront pour toujours, mais simplement qu'ils ont besoin de temps pour comprendre pourquoi la relation s'est terminée.

4. **Il s'est remis de la rupture :** C'est sans doute la situation que personne ne veut affronter, car cela touche inconsciemment notre estime de soi. Il peut être difficile d'accepter que quelqu'un ne nous aime plus. Surtout si notre estime de soi n'est pas solide et stable. Si vous vous sentez mal à l'idée que votre ex ait tourné la page, rappelez-vous que votre amour pour vous-même ne dépend pas de l'amour que vous recevez des autres.

Ces situations sont faciles à reconnaître car nous les ressentons généralement lorsque nous essayons de récupérer notre ex et que celui-ci refuse catégoriquement de revenir, déclarant ne plus rien ressentir et avoir tourné la page.

Mon ex lit mes messages mais ne me répond pas !

Mon ex lit mes messages mais ne me répond pas. Les nouvelles technologies ont élevé les ruptures à un niveau supérieur d'attachement car, auparavant, lorsqu'on rompait avec quelqu'un, il était plus difficile de maintenir le contact. Cependant, aujourd'hui, grâce à la messagerie instantanée, nous pouvons tenter de rester en contact avec la personne par le biais de messages, d'audio, d'appels, etc. Mais cette tentative de contact n'est pas toujours réciproque, n'est-ce pas ?

Il arrive que l'on envoie des messages qui sont lus par le destinataire mais sans aucune réponse, ce qui engendre en nous une douleur et un sentiment d'abandon. Mais avant de tirer des conclusions hâtives sur les raisons pour lesquelles un message est ignoré, il y a de nombreuses possibilités à envisager :

1. **Vous n'êtes plus une priorité dans leur vie.** Il faut comprendre qu'une fois la relation terminée, votre ex n'a aucun engagement ou obligation envers vous et peut décider de vous parler ou non. S'il ne vous répond pas, c'est probablement parce que vous n'êtes plus une priorité dans sa vie.
2. **Il/elle rencontre une autre personne ou est déjà en couple.** Dans ce cas, il est important de comprendre que si la personne se met en couple avec quelqu'un d'autre ou est déjà en couple, il est fréquent qu'elle évite tout contact avec son ex.
3. **Votre ex est résigné, en colère ou contrarié.** Rompre une relation est toujours douloureux et peut être difficile pour nous. Il est donc important de comprendre que si nous avons mis fin à notre relation avec une personne, elle peut être blessée par notre décision. Lorsqu'elle reçoit un message de notre part, il est probable qu'elle supprime ce message et nous ignore pour se protéger.
4. **Ils souhaitent appliquer la stratégie du "contact 0" pour tourner la page.** Il est fréquent que pour éviter de se remettre en couple avec une personne avec qui ils ne souhaitent plus être en couple, ils décident d'ignorer et d'éviter tout contact avec leur ex, y compris les messages et les tentatives de contact.

Mon ex m'ignore mais ne me bloque pas, pourquoi ?

Les raisons pour lesquelles une personne agit de cette manière peuvent varier et sont souvent liées à sa personnalité. Par exemple, une personne manipulatrice et narcissique qui a mis fin à une relation peut avoir besoin de se sentir indispensable pour l'autre personne. Pour ce faire, elle peut inconsciemment laisser la possibilité à son ex de la contacter. De même, une personne qui a encore des sentiments pour son ex peut également agir de cette manière pour ne pas mettre fin au contact ou à la possibilité de contact avec son ex. Même si cette personne ne répond pas aux messages, elle sait que le contact est possible à tout moment.

Mon ex m'ignore et cela me fait de la peine.

Il est normal de se sentir blessé et frustré lorsqu'on essaie de maintenir ou de créer un contact avec une personne et que nos efforts sont ignorés par celle-ci. Comme nous l'avons vu dans ce livre, lorsqu'une relation se termine, les sentiments envers l'autre personne ne disparaissent pas complètement. Ainsi, si nous sommes ignorés par notre ex, cela crée ce que l'on pourrait appeler un double chagrin, composé de sentiments d'abandon et d'indifférence. Même si la relation est terminée pour nous, cela ne signifie pas que nous ne pouvons pas nous sentir abandonnés lorsque nous sommes ignorés. Il est donc tout à fait normal et compréhensible de se sentir blessé dans ce cas.

Que faire quand mon ex m'ignore ?

Vous avez probablement entendu beaucoup de conseils sur ce qu'il faut faire si votre ex vous ignore. Cependant, comment gérer cette situation dépend entièrement de vous. Voici quelques questions et situations qui peuvent vous aider à y réfléchir :

- Où en êtes-vous dans la rupture ? Si vous venez de rompre, il est recommandé de maintenir une certaine distance avec votre ex. Si, en revanche, du temps a passé et que les choses ont changé.
- Avez-vous essayé de vous mettre en contact avec lui/elle ? Nous ne pouvons pas nous plaindre d'être ignorés si nous n'avons pas non plus essayé de prendre contact. Cependant, si vous avez fait cette tentative mais que votre ex l'a ignorée,

cela peut être dû à une des raisons mentionnées précédemment.

Après avoir analysé votre situation et celle de votre ex, vous constaterez probablement que c'est compréhensible que votre ex ne veuille pas entrer en contact et que vous devriez lui donner de l'espace. Il est également important de passer à autre chose et d'oublier votre ex.

Mon ex m'a bloqué partout : pourquoi et que faire ?

Les ruptures n'ont jamais été faciles. Et même si nous voulons tous montrer que nous pouvons gérer la situation de manière rationnelle et adulte, nos émotions ont beaucoup à dire. Rester amis n'est pas si simple. Même si nous voulons le cacher, il est très difficile de se séparer de cette personne qui a joué un rôle si important dans notre vie, et encore plus avec la portée des réseaux sociaux. C'est pourquoi le meilleur remède est parfois de bloquer cette personne. Si vous vous trouvez dans cette situation et que vous souhaitez mieux la comprendre, continuez à lire ce chapitre dans lequel nous expliquons pourquoi votre ex vous a bloqué de partout et ce que vous pouvez faire pour y remédier."

Les réseaux sociaux pendant une rupture.

L'émergence des réseaux sociaux et des applications dédiées à la messagerie instantanée, telles que Facebook, WhatsApp, Instagram ou Twitter, a facilité de nombreuses améliorations de la communication interpersonnelle, mais elle a également accru la surveillance et le contrôle des comportements par le biais d'Internet. L'utilisation des réseaux sociaux lors d'une rupture est conditionnée par "l'idéologie des réseaux sociaux", définie comme un ensemble de croyances sur les technologies de communication, avec lesquelles les utilisateurs expliquent la structure et la signification perçues des réseaux. Autrement dit, des croyances sur ce à quoi ils sont censés servir, comment ils doivent être utilisés, etc. Ces idéologies influencent la façon dont les gens réagissent sur les différents réseaux sociaux.

Les réseaux sociaux peuvent être une source de douleur et de confusion pendant une rupture. Il est important de prendre des mesures pour vous protéger et vous aider à passer à autre chose. Évitez de vous connecter à votre ex sur les réseaux sociaux et de vous engager dans des conversations ou des commentaires qui pourraient vous blesser. Si vous avez du mal à vous en empêcher, bloquez-les ou désactivez temporairement votre compte. De plus, essayez de vous entourer de personnes positives et encourageantes qui vous aideront à vous sentir mieux.

Un autre facteur lié au comportement que les gens adoptent après une rupture est le type d'attachement qu'ils ont tendance à établir dans leurs relations. L'attachement évitant est associé à la réduction des contacts avec l'ex-partenaire, tandis que l'attachement ambivalent ou anxieux est associé à une plus grande préoccupation pour l'ex-partenaire, à des niveaux de stress plus élevés et à des tentatives plus fréquentes de reprendre la relation. Mais attention, ce type d'attachement est également associé à un comportement de poursuite indésirable après la rupture, allant jusqu'à des tentatives de remise en couple, même si l'ex-partenaire n'est pas intéressé. Quelle sera la prochaine étape ?

Mon ex m'ignore, cela me fait de la peine.

La curiosité est naturelle chez les gens, il est donc normal qu'ils cherchent à savoir ce que fait leur ex après une rupture amoureuse. Cela arrive souvent. De plus, les réseaux sociaux et les applications de messagerie permettent de rester en contact avec son ex même sans communiquer directement. En restant "amis" sur les réseaux sociaux, on peut recevoir régulièrement des nouvelles de l'autre. Cela peut être difficile pour tourner la page de la relation.

En plus de la curiosité, l'incertitude joue un rôle crucial, qui augmente avec la fin d'une relation qui apportait sécurité et stabilité. À ce moment, nous sommes plus vulnérables et émotifs, ce qui rend difficile de garder notre rationalité et de faire la distinction entre les comportements sains et ceux qui sont nuisibles. Des recherches ont montré que les jeunes qui surveillent excessivement leur partenaire en ligne sont plus stressés après la rupture, et que ce stress prédit en retour le comportement consistant à surveiller ou à prendre des nouvelles de l'ex-partenaire immédiatement après la rupture, surtout pour ceux qui n'ont pas causé la rupture.

Ainsi, la technologie est une lame de fond qui peut d'une part apaiser la curiosité personnelle à court terme, mais d'autre part, elle peut également influencer le développement de comportements négatifs en permettant une surveillance constante de ce que fait l'ex-partenaire. Pour faire face à ces comportements, il peut être nécessaire de couper les ponts : effacer le numéro, supprimer ou bloquer la personne qui était auparavant considérée comme un élément permanent de la vie. Cependant, il peut y avoir d'autres raisons pour lesquelles un ex peut vous bloquer. Nous les examinerons dans la section suivante.

Pourquoi mon ex m'a bloqué ?

Il s'agit d'une question complexe à répondre. Il est possible que votre ex vous ait bloqué pour diverses raisons. Peut-être ne souhaitent-ils plus avoir de contact avec vous, ou ont-ils besoin de prendre du recul. Il se peut également qu'ils aient été blessés émotionnellement et ne souhaitent pas être confrontés à cela. Quoi qu'il en soit, il est important de respecter leur choix et de leur accorder l'espace nécessaire.
Bloquer ou effacer son ex est un moyen courant pour faire face à la douleur ou au stress d'une rupture. Il peut y avoir de nombreuses raisons à cela.

Examinons-en quelques-unes :

- Pour mieux gérer la douleur, il est possible que, même si votre ex ne vous cherche pas intentionnellement, il ou elle voit vos publications, messages, statuts, photos, etc. Cela peut rendre la gestion de la rupture plus difficile. C'est pourquoi, en bloquant votre ex, vous éviterez de voir ses mises à jour et pourrez atténuer votre souffrance.

- Pour ne pas vous infliger plus de douleur, il se peut que votre ex non seulement voit vos publications involontairement, mais qu'il ou elle vous suit activement pour savoir ce que vous faites et comment vous gérez votre vie après la rupture. Ce comportement peut être difficile à surmonter. Pour vous en protéger, il est préférable de ne plus voir ses publications en vous bloquant mutuellement.

- Parce que vous pourriez vous sentir observé, une étude a révélé que la plupart des participants avouent traquer et même surveiller de près les activités de leur ex-partenaire sur les réseaux sociaux après la rupture. Cela peut entraîner un sentiment de surveillance et de dépassement, et inciter la personne à vous bloquer pour mettre fin à cette situation.

- Pour mettre de la distance entre vous, le blocage peut être la seule solution pour passer à autre chose et créer une distance nécessaire, surtout si l'un des partenaires est tenté de communiquer avec l'autre pour se réconcilier ou pour poursuivre la dynamique néfaste qui a conduit à la rupture.

Est-ce qu'il est préférable de supprimer son ex de WhatsApp ?

La décision de supprimer ou non votre ex de WhatsApp ou d'autres réseaux sociaux dépend de comment vous gérez la rupture et de l'utilisation que vous faites de ces plateformes avec votre ex. Les études montrent que maintenir le contact avec son ex peut entraver la capacité à tourner la page après une rupture. C'est pourquoi il est souvent recommandé de couper les ponts, bien que cela dépende de chaque situation.

Il est particulièrement judicieux de supprimer votre ex de WhatsApp et autres si vous observez certains comportements tels que :

- La relecture obsessionnelle de vieux messages ou posts peut raviver des souvenirs douloureux et nous amener à être obnubilés par le passé ou à chercher à comprendre ce qui a mal tourné dans la relation. Il est préférable de supprimer ces messages et de couper tout contact avec son ex.
- Utiliser les amis communs comme prétexte pour rester en contact avec son ex, même si cela signifie se torturer en

suivant les mises à jour de l'ex-partenaire, n'est pas une bonne idée.

- Écrire ou appeler son ex chaque fois que l'on est envahi par la tristesse n'aide pas à surmonter ces émotions. Avoir un accès aussi facile à la personne ne fera que prolonger la souffrance.
- Suivre tout ce que fait son ex sur les réseaux sociaux, comme ce qu'il publie, les personnes qu'il aime, etc., n'est pas bénéfique pour notre processus de guérison.

Il est important d'être honnête avec soi-même et de prendre la décision qui est vraiment la plus saine, même si cela signifie supprimer ou bloquer son ex. Ne pas être ami avec son ex n'est pas un signe de faiblesse ou d'immaturité. Il n'y a rien de mal à prendre ses distances avec une personne qui n'est plus bonne pour nous et, au final, nous devons faire ce qui nous aide à aller mieux. Ces conseils peuvent vous aider à surmonter une rupture.

Pourquoi je n'arrive pas à oublier mon ex ?

Une rupture amoureuse est l'une des expériences les plus difficiles et douloureuses de la vie. Cela dépend de nombreux facteurs tels que la durée de la relation, l'affection mutuelle, les attentes, etc. En général, la personne qui souffre le plus est celle qui a été abandonnée et qui a du mal à accepter la situation, même si elle sait que la relation ne fonctionnait plus et qu'elle était pleine de problèmes. Si vous vous demandez pourquoi vous n'arrivez pas à oublier votre ex, il est probable que vous résistiez à cette nouvelle réalité et que vous ayez le sentiment que vous ne pourrez jamais oublier cette personne.

C'est pourquoi nous allons vous donner en détail les principales raisons pour lesquelles il vous est difficile de l'oublier et vous donner quelques conseils pour y parvenir. Sachez que c'est possible de ne plus penser à votre ex et de l'oublier. Connaître les raisons de votre difficulté vous aidera également à surmonter ce problème. Voici les principales raisons pour lesquelles il vous est difficile d'oublier votre ex et pourquoi vous continuez à souffrir.

- **Attentes et projets d'avenir** : Vous aviez certainement de grandes attentes pour votre relation et vous espériez qu'elle durerait de nombreuses années, voire toute une vie. Peut-être vous imaginais-vous toujours avec cette personne et ne pouviez-vous même pas imaginer la vie sans elle. Vous aviez peut-être déjà un ensemble d'objectifs ou de projets à long terme, tels qu'avoir des enfants, acheter une maison, créer une entreprise, etc. Tout cela vous a fait oublier vos objectifs personnels individuels et pendant longtemps, vous vous êtes concentré uniquement sur les objectifs que vous aviez en commun, si bien que maintenant, vous vous sentez perdu et confus car vous êtes obligé de modifier votre plan de vie.

- **Idéalisation** : Vous pourriez idéaliser votre ex en vous concentrant uniquement sur ses qualités et en oubliant ses défauts et les aspects que vous n'aimiez pas chez lui ou elle. Vous avez peut-être l'impression de perdre la personne la plus importante de votre vie, ce qui peut entraîner des sentiments de culpabilité et de détresse.

- **Ennui :** Il est possible que votre obsession pour votre ex soit le résultat d'un besoin de penser à quelque chose. Lorsque vous n'avez pas d'autres priorités ou activités pour sortir de la routine, il peut être facile de s'habituer à penser sans cesse à votre ex, ce qui peut avoir des conséquences négatives pour votre bien-être émotionnel et psychologique.

- **Ego :** Vous pourriez vous accrocher à votre ex parce que vous avez du mal à accepter qu'il ou elle vous ait quitté. Cela peut être blessant pour votre ego et vous pourriez avoir du mal à vous détacher de cette personne.

- **Peur de la solitude :** Certaines personnes qui sont très dépendantes d'un partenaire pourraient avoir peur d'être seules lorsque leur relation se termine. Elles peuvent se sentir mal à l'aise et sans protection sans leur partenaire.

Les années passent et je n'arrive pas à oublier mon ex, est-ce normal ?

Vous vous reconnaissez dans cette situation où vous ne parvenez pas à oublier votre ex et vous souhaitez y remédier ? Voici quelques conseils pour vous aider à tourner la page le plus rapidement possible.

- **Renouvelez vos objectifs et buts personnels.** Il est temps de revisiter les objectifs et les buts que vous aviez avant de rencontrer votre ex et de les actualiser. Évaluez également ceux sur lesquels vous souhaitez continuer à travailler. Vous pouvez également vous fixer de nouveaux objectifs émotionnels à long terme, mais cette fois en leur accordant l'importance qu'ils méritent. Si vous décidez d'avoir à nouveau une relation à l'avenir, il est important de ne pas les oublier, même si vous vous fixez de nouveaux objectifs en couple.

- **Pensez aux aspects négatifs de votre relation.** Cessez de romanticiser votre ex et de ne voir que les aspects positifs de votre relation, car cela peut vous rendre coupable de l'avoir quitté. Concentrez-vous plutôt sur les souvenirs des aspects négatifs de votre relation, comme les disputes fréquentes ou les manques de respect de votre ex.

- **Acceptation.** Arrêtez de résister à cette nouvelle réalité et acceptez-la telle qu'elle est, même si elle n'est pas agréable. L'acceptation ne signifie pas la résignation, bien au contraire. En acceptant une situation que nous ne pouvons pas changer, nous pouvons mieux la surmonter et nous ouvrir à de nouvelles options et expériences que la vie nous offre.

Pourquoi je n'arrive pas à oublier mon ex ?

Les années passent et je n'arrive pas à oublier mon ex, est-ce normal ? Est-il normal de penser à mon ex même si j'ai un partenaire actuel ?
Il y a plusieurs raisons qui peuvent vous faire penser à votre ex, même si vous êtes en couple. Voici les principales causes :

- **Relation de longue durée :** Si vous avez passé de nombreuses années avec une personne, il est normal de ressentir une certaine forme de nostalgie ou de penser à elle. Même si vous avez un nouveau partenaire, votre passé reste présent et peut être difficile à effacer.

- **Curiosité :** Il peut arriver que vous vous demandiez ce que serait votre vie si vous étiez toujours avec votre ex, même si vous êtes actuellement heureux avec votre petit ami ou petite amie.

- **Premier amour :** Si votre ex était votre premier amour, il est normal de se souvenir de lui ou d'elle, même si vous êtes désormais en couple avec quelqu'un d'autre.

- **Rupture récente :** Si vous avez récemment rompu une relation, il est normal de penser encore à cette personne. Même si vous avez trouvé quelqu'un d'autre, il faut du temps pour oublier complètement votre ex et clore ce chapitre.

En conclusion, si vous vous retrouvez dans l'une des situations décrites ci-dessus, il est normal de penser à votre ex, même si vous avez un partenaire actuel.

Comment arrêter de penser à son ex ?

La rupture avec son partenaire peut être difficile, surtout si l'on n'a pas pris l'initiative de la séparation et que l'on se retrouve simplement avec le fait que notre partenaire ne veut plus poursuivre la relation. Dans ces cas, il est important d'accepter que la relation soit terminée et de commencer une nouvelle étape de notre vie, mais cela peut être difficile si l'on ne peut pas s'empêcher de penser à notre ex.

- **Accepter la fin de la relation :** La première étape consiste à accepter la fin de la relation sans laisser des émotions telles que la colère ou la fierté nous envahir. Cela est particulièrement important pour les personnes dépendantes qui trouvent difficile d'accepter la fin de la relation et qui continuent à y penser, à imaginer des moyens de la récupérer, etc. Accepter la situation et continuer sa vie est la clé pour oublier son ex.

- **Ne vous enfermez pas :** Il est important de ne pas vous mettre dans le rôle de la victime, car cela ne vous aidera pas. Sortez de votre coquille, interagissez avec vos amis, participez à des plans et essayez de passer un bon moment. Au début, cela peut être difficile, mais avec le temps, cela deviendra plus facile.

- **Débarrassez-vous des souvenirs :** Si vous avez du mal à vous remettre de la séparation, il peut être utile de vous débarrasser de tous les souvenirs, cadeaux et objets qui vous rappellent votre ex. Cela rendra plus difficile pour vos pensées de se concentrer à nouveau sur votre ex.
- **Faites de nouvelles choses** : C'est aussi le moment de faire de nouvelles activités qui vous occuperont l'esprit et vous permettront de rencontrer de nouvelles personnes.

  - **Prenez soin de vous :** Il est également important de prendre soin de votre estime de soi et de garder à l'esprit qu'une rupture ne diminue pas votre valeur en tant que personne. Rappelez-vous toutes les bonnes choses que vous avez toujours vues en vous, ce que vous pouvez apporter aux autres, et rappelez-vous que vous êtes toujours une personne digne d'être aimée.

- **Evitez les contacts :** pour oublier votre ex petit ami, il est essentiel que vous rompiez le contact avec lui, en gros, pour rompre ces liens de dépendance affective qui se créent toujours dans les relations. Si vous l'aimez encore, cela ne vous fera aucun bien de voir qu'il va bien et qu'il est heureux pendant que vous vous sentez mal ; par conséquent, supprimez-le de WhatsApp et des réseaux sociaux, au moins pendant un certain temps, afin que vous puissiez apprendre à vivre sans.

- **Se recentrer sur soi :** pour pouvoir à nouveau se sentir bien dans sa peau, rien de mieux que de commencer à prendre soin de soi, se chouchouter, changer de look, se faire masser et se consacrer du temps à soi. Il est important que, maintenant, tout l'amour que vous ressentez soit donné à vous-même et, ainsi, vous puissiez tirer toutes les énergies que vous avez précédemment investies en "vous" juste pour vous-même. L'important maintenant est d'être bien, alors travaillez chaque jour pour atteindre cet objectif.

- **Allez-y au jour le jour :** et enfin, une autre astuce qui vous aidera à oublier efficacement votre ex-petit ami est qu'au lieu de penser à l'avenir, pendant les vacances que vous aviez prévues ou en été, concentrez-vous sur lui ici et dans le présent. . Essayez de faire chaque jour quelque chose qui vous satisfasse et que vous aimez afin de vous sentir rassasié et satisfait. Allez jour après jour faire des projets comme vous le souhaitez et l'avenir viendra mais ne vous concentrez pas sur de tels projets futurs car l'important est qu'aujourd'hui et demain vous vous portez bien. De cette façon, vous pourrez oublier le passé et vivre dans le présent .

Les conseils pour oublier son ex

Si vous vous retrouvez dans l'une des difficultés citées pour oublier votre ancien partenaire et que vous souhaitez avancer,voici quelques astuces qui pourront vous aider à vous en sortir au plus vite.

1. **Modifiez votre routine :** actuellement, vous avez peut-être un vide dans votre quotidien, correspondant à l'heure que vous consacriez autrefois à votre relation. Il est donc temps de changer votre routine et de combler ce vide.
2. **Entourez-vous de personnes aimantes :** votre famille et vos amis proches seront sans doute prêts à vous apporter le soutien émotionnel dont vous avez besoin. Évitez de vous isoler et cherchez leur compagnie et leur compréhension.
3. **Rencontrez de nouvelles personnes :** ne vous renfermez pas sur vous-même et sortez rencontrer de nouvelles personnes. Ce n'est pas nécessairement pour trouver rapidement un nouveau partenaire, mais simplement pour vous ouvrir à d'autres expériences, vous faire de nouveaux amis et élargir votre cercle social.
4. **Écrivez ce que vous ressentez :** c'est important d'exprimer ce que vous ressentez quand vous en avez besoin. Écrire peut être une solution, que ce soit dans un journal, une lettre, un e-mail, etc. Cela vous aidera à vous débarrasser de ces sentiments.
5. **Reprenez ou commencez de nouvelles activités :** faites des activités nouvelles qui n'ont rien à voir avec votre ex. Profitez de cette période pour en découvrir de nouvelles, passer du temps avec votre famille et vos amis, travailler sur vos objectifs personnels, etc. Cela occupera votre esprit et vous distraira.
6. **Prenez soin de vous :** consacrez du temps à vous-même. Vous êtes la personne la plus importante dans votre vie. Pratiquez des exercices de respiration, prenez un massage ou rendez-vous à l'endroit que vous souhaitiez visiter. Il n'y a rien de mieux que de passer du temps à faire ce que l'on aime.

Comment réagir quand mon ex est en couple ?

Les émotions qui peuvent survenir lors d'une rupture varient selon les personnes et en fonction de qui a pris la décision de mettre fin à la relation. Lorsqu'une chose se termine, il est important de prendre du temps pour guérir les blessures qu'elle a pu nous causer et chacun utilise des stratégies différentes pour faire face à cette perte. Parfois, l'ex-partenaire peut retrouver le sourire grâce à un nouveau partenaire, alors que vous êtes encore en train d'accepter la fin de la relation. Vous continuez à voir des photos de votre ex avec sa nouvelle flamme, ou à constater comment ils reconstruisent leur vie et vous ne comprenez pas pourquoi vous ne pouvez pas faire de même. Nous allons explorer les raisons pour lesquelles votre ex se vante de sa nouvelle relation et comment y faire face.

Pourquoi mon ex poste-t-il déjà des photos avec son nouveau partenaire ? Il veut montrer sa nouvelle relation et faire savoir aux autres qu'il a un nouveau compagnon. Voici les raisons pour lesquelles votre ex poste des photos avec son nouveau partenaire en se montrant heureux :

⇒ **Ego :** Si la rupture est due à votre faute, cela peut avoir blessé son ego et il peut avoir retrouvé un équilibre grâce à son nouvel amour. Cela ne signifie pas que le nouveau partenaire n'est pas important ou qu'il ne s'agit que d'une relation de passage, peut-être que cette relation finira par être celle qui va changer sa vie ou peut-être qu'il ne s'agit que d'une relation temporaire.

⇒ **Jalousie :** Mon ex poste-t-il des photos pour me rendre jaloux ? Selon la manière dont la relation s'est terminée, montrer au monde que vous êtes avec quelqu'un d'autre peut être une façon de prouver que vous vous en sortez sans lui. Si la rupture a été conflictuelle, si vous vous êtes blessés mutuellement et que vous n'avez pas été en mesure de vous réconcilier, cela peut être une façon de vous dire que c'est fini et que "j'ai gagné".

⇒ **Tomber amoureux :** Votre ex-partenaire peut être en train de tomber amoureux d'une autre personne. Il est important de se rappeler que cette phase est intense et effusive, et qu'il semble que tout dure éternellement. Vous avez envie de dire à tout le monde à quel point vous aimez cette personne et à quel point tout est beau avec elle.

⇒ **Changement de priorités :** Il peut arriver que la priorité de votre ex-partenaire à ce moment-là soit cette nouvelle personne, ce qui explique pourquoi il/elle passe la journée à la montrer.

Pourquoi ça fait mal que mon ex ait un partenaire ?

Peut-être que depuis la fin de la relation, vous vous préoccupez trop de ce que l'autre personne fait et que vous perdez de vue ce qui vous concerne. Il est inévitable que cela blesse de voir votre ex-partenaire sourire à nouveau avec quelqu'un qui n'est pas vous. Se concentrer sans cesse sur la vie de l'autre peut conduire à:

- **Faible estime de soi :** Le fait d'avoir perdu votre partenaire peut signifier que votre estime de soi a également été affectée, car il ne faut pas oublier que nos liens sociaux sont une source importante d'estime de soi. De plus, si votre ex-partenaire se vante de son bonheur avec quelqu'un d'autre, cela peut encore plus affecter votre estime de soi. Il est important de se rappeler que non seulement cette personne faisait partie de votre vie, mais qu'il y a beaucoup d'autres qui vous apprécient, vous y compris.

➢ **Insécurité :** Comme nous l'avons mentionné précédemment, le fait que votre ex soit avec quelqu'un d'autre peut altérer notre estime de soi, ce qui peut nous faire perdre confiance en nous. Cela nous donne le sentiment que l'autre personne a été plus forte et plus capable de surmonter la rupture, alors que vous êtes encore un peu accroché à ce qui aurait pu être et n'a pas été. N'oubliez pas que chaque personne a des moments différents et que chaque personne est différente. Rappelez-vous que chacun a des temps différents et que vous ne devez pas vous forcer à surmonter quelque chose, prenez votre temps et investissez dans tout ce qui peut vous aider. Il se peut que la perte du lien affectif avec votre partenaire ait éveillé en vous un sentiment de solitude. Cela peut être encore plus marqué si votre ex-partenaire a déjà tourné la page. Comme mentionné dans les autres points, une personne a de nombreux liens émotionnels, appuyez-vous sur ceux qui restent et rappelez-vous que la personne dont vous avez le plus besoin est vous-même.

- **Peur de la solitude :** Il se peut que la perte du lien affectif avec votre partenaire vous ait fait ressentir un sentiment de solitude. Cette sensation est d'autant plus forte si votre ex-partenaire a déjà tourné la page. Comme mentionné précédemment, une personne a de nombreux liens émotionnels, alors appuyez-vous sur ceux qui restent et rappelez-vous que la personne dont vous avez le plus besoin, c'est vous-même.

Comment surmonter le fait que mon ex est avec quelqu'un d'autre ?

Que faire lorsque votre ex met en ligne des photos avec son nouveau partenaire ? Ne laissez pas votre cerveau vous jouer des tours, il est vrai que votre ex est avec quelqu'un d'autre, mais il est important d'arrêter certains comportements qui peuvent finir par être autodestructeurs et vous faire tourner en rond.

- **Ne vous comparez pas** : en de nombreuses occasions, et c'est quelque chose de très humain, il arrive souvent que lorsque nous pensons que quelqu'un a gagné quelque chose que nous voulions aussi, nous nous comparons à cette personne. Nous commençons à chercher tout ce en quoi il ou elle est censé(e) se démarquer de nous et en même temps, inconsciemment, nous nous sous-évaluons. Il est très important que, dans ces moments-là, vous cessiez de vous comparer à l'autre personne et que vous commenciez à vous estimer encore plus, à avoir confiance en tout ce que vous êtes et en votre potentiel et à accepter que dans la vie, parfois on gagne et parfois on perd, mais si nous nous achetons, nous perdons toujours, car notre esprit se concentre déjà sur ce que l'autre personne a et sur ce que nous n'avons pas. Aimez-vous aujourd'hui pour vous aimer demain.

- **Tout ce qui brille n'est pas de l'or :** la plupart des gens aiment montrer le bon côté des choses, mais nous savons tous que la vie est faite de hauts et de bas. Alors arrêtez de regarder tout ce qu'ils font et comment ils le font, rappelez-vous que ce qui est montré n'est pas la totalité de la relation. N'est-ce pas ?

- **Du temps de qualité pour vous :** il est important de se connaître et de savoir quand nous entrons dans une boucle qui peut nous rendre malade. Lorsque nous nous sentons comme ça, il est important de chercher des alternatives pour s'échapper un peu, certaines personnes aiment faire du sport, sortir avec des amis, lire, écouter de la musique ou planifier un voyage. Ne restez pas bloqué sur la rupture ou sur le pourquoi, commencez une nouvelle histoire sans l'autre personne mais avec beaucoup de choses à découvrir.

Pourquoi mon ex a-t-il une petite amie si rapidement ?

Surmonter une rupture n'est pas un processus linéaire. Certaines personnes pensent que se remettre ensemble signifie, de manière évidente, de se remettre ensemble. L'une des erreurs les plus courantes après une rupture est de se concentrer sur ce que l'autre personne fait, c'est-à-dire de considérer comme personnel le fait de voir quelqu'un d'autre. Il est inévitable de ressentir de la douleur en voyant votre ex sourire avec un nouveau partenaire alors que vous vous sentez toujours en deuil.

Nous répondons à la question: "Pourquoi mon ex a-t-il une petite amie si rapidement?" Nous explorons les raisons les plus probables pour lesquelles votre ex a déjà un nouveau partenaire, nous parlons des raisons pour lesquelles cela vous affecte de voir votre ex avec quelqu'un d'autre et nous donnons des conseils sur quoi faire si votre ex a déjà un nouveau partenaire.

Raisons pour lesquelles votre ex a déjà un nouveau partenaire :

- Il/elle est déjà amoureux(se) de cette personne. C'est souvent la raison principale de la rupture. Il arrive que la fin d'une relation soit liée au début d'une autre.
- Il ne sait pas comment être seul. La peur de la solitude est l'une des raisons les plus courantes qui poussent à la recherche hâtive d'un nouveau partenaire. Ceux qui pensent à tort que le bonheur dépend d'avoir un partenaire souffrent de l'inquiétude liée à la vie de célibataire.
- Ils pensent qu'ils vous oublieront plus vite. Les actions extérieures ne reflètent pas toujours les sentiments intérieurs. On ne peut pas en déduire que, simplement parce qu'une personne a commencé une nouvelle relation, elle est prête à vivre cette histoire. Derrière cette hâte, il peut y avoir la conviction que le chagrin sera plus vite surmonté grâce à

cette nouvelle illusion, ce qu'on appelle une relation de rebond.

- Il veut vous rendre jaloux. Si votre ex est avec quelqu'un d'autre et continue à vous écrire, cela peut être une stratégie de séduction pour vous rendre jaloux. Ce n'est jamais une bonne idée.
- Le destin est imprévisible. La vie elle-même peut apporter de nombreuses surprises inattendues. Peut-être que votre ex a commencé une nouvelle relation sans l'avoir planifié.".

Comment savoir si mon ex m'aime même s'il/elle est en couple?

Si vous avez rompu une relation mais que vous aimez toujours votre ex, vous pouvez vous interroger sur ses sentiments à votre égard. Voici quelques signes qui peuvent indiquer que votre ex vous aime toujours :

- **Son attitude envers vous :** Si vous observez chez votre ex une attitude qui rappelle celle qu'il avait lorsque vous étiez ensemble, cela peut être un signe qu'il vous aime toujours. Même si vous entretenez une relation amicale après la rupture, il peut continuer à vous montrer de l'affection sans le dire explicitement. Si vous avez l'impression qu'il est très attentif à vous et qu'il cherche à maintenir le contact habituel, cela peut être dû à une certaine nostalgie sentimentale.

- **Les dates importantes** : Si votre ex se souvient toujours de vos anniversaires et d'autres jours importants pour vous, cela peut être un signe qu'il vous aime toujours. Si cette communication affective autour de moments privilégiés est fréquente, elle peut également témoigner d'une certaine mélancolie. Le ton de ses messages est particulièrement décisif.

- **Son comportement avec vous :** Si votre ex ne vous dit pas explicitement ce qu'il ressent pour vous, il peut le montrer par sa compagnie, son soutien et les soins qu'il vous apporte. Si une personne est toujours amoureuse, elle peut montrer son amour de façon naturelle, comme une manifestation de son battement de cœur intérieur. Analysez donc comment votre ex se comporte avec vous. Voyez-vous des démonstrations d'amour continu dans ses gestes à votre égard ? Soyez honnête avec vous-même pour ne pas vous faire de fausses idées. Si vous avez souvent l'impression d'être spécial pour votre ex, écoutez ces indices.

- **Demandez à d'autres personnes de vous informer.** Si votre ex vous aime encore, il est fort probable qu'il interroge vos amis communs à votre sujet. Ils seront intéressés de savoir comment se passe votre vie et s'il y a quelqu'un d'autre dans votre vie. Même si votre ex a eu une grande signification dans votre vie, il est probable qu'un de vos amis mentionne cela s'il en a l'occasion. Ou, si votre ex vous dit souvent qu'il pense à vous dans certaines situations de sa vie quotidienne, comme en regardant un film, cela indique que vous êtes toujours présent dans ses pensées.

- **Son regard exprime la tristesse si vous avez un rendez-vous.** Votre ex est toujours amoureux de vous s'il réagit négativement à une nouvelle positive dans votre vie amoureuse, car cela brise ses espoirs d'une possible réconciliation à l'avenir. Cependant, si votre ex continue de vous aimer, il peut être possible qu'il n'ait pas eu de rendez-vous récents ou que, bien qu'il ait essayé de démarrer une relation, ses histoires d'amour soient éphémères, car il les compare inconsciemment à vous.

Comment savoir si votre ex veut revenir ?

A la fin d'une relation amoureuse, différentes options peuvent être considérées quant à la façon dont elle se termine. Certaines personnes choisissent de garder leur ex en tant qu'ami, d'autres choisissent de maintenir une relation cordiale mais pas plus, et d'autres coupent tout contact avec leur ex. Cependant, les liens établis entre les deux peuvent être forts et, parfois, les actions de votre ex peuvent vous laisser dubitatif ou confus. Voici 15 signes qui indiquent que votre ex souhaite peut-être revenir.

1. **Trouver des excuses pour vous parler** : votre ex cherche toujours des moments pour vous parler, que ce soit lors d'un événement ou non. Cela montre qu'il ou elle ne veut pas que vous soyez oublié et qu'il ou elle veut rester en contact avec vous.

2. **Se rappeler de votre relation** : Si votre ex vous écrit et profite de certains moments pour se rappeler de bons moments de votre relation et des événements qui vous ont rendus heureux, il est fort probable qu'il ou elle regrette ces moments passés avec vous.

3. **Demander des conseils** : Si votre ex vous demande encore des conseils comme il ou elle le faisait lorsque vous étiez en couple, cela signifie qu'il ou elle ne veut pas couper les ponts avec vous et qu'il ou elle continue à compter sur vous pour ses décisions importantes. Si votre ex continue à tenir compte de votre avis, il ou elle pourrait vouloir se remettre avec vous ou ne pas vouloir mettre fin à la relation. Cependant, il est également important de se rappeler la raison pour laquelle la relation s'est terminée. d'examiner comment vous avez décidé de mettre fin à la relation.

4. **Il mentionne que vous lui manquez** : C'est un signe évident que votre ex souhaite se remettre avec vous lorsqu'il ou elle mentionne que vous lui manquez et que les moments que vous avez passés ensemble lui manquent.

5. **Faire des erreurs :** Si vous vous êtes disputés auparavant à cause de certaines choses qui vous dérangeaient chez l'autre, cela peut être une des raisons pour lesquelles vous avez décidé de vous séparer. Maintenant que vous n'êtes plus ensemble, les choses qui vous dérangeaient sont parties, et il ou elle a décidé de changer pour vous le montrer. Cela peut être un signe qu'il ou elle reconnaît ses erreurs et qu'il ou elle est prête à faire des compromis.

6. **Il vous écrit pour savoir comment vous allez :** Il faut évaluer comment la relation s'est terminée et les accords que vous avez conclus. Si une personne décide de ne plus avoir de contact avec son ex jusqu'à ce qu'un certain temps passe, et qu'ensuite il ou elle vous écrit, cela peut signifier que le temps nécessaire pour prendre ses distances est écoulé et qu'il ou elle souhaite être ami avec vous. Même si la décision initiale était de ne pas avoir de contact, le fait d'écrire peut être un signe qu'il ou elle veut se rapprocher de vous ou que la décision prise n'était pas ce qu'il ou elle souhaitait, et qu'il ou elle veut renouer la relation.

7. **Il est réceptif :** Si votre ex est très disposé à vous aider pour tout ce dont vous avez besoin, cela peut être un signe qu'il ou elle a toujours des sentiments pour vous. Si, par exemple, vous parlez d'un problème pendant une conversation, il ou elle cherchera immédiatement des solutions pour vous aider.

8. **Elle parle de vous à des tiers :** Si vous étiez ensemble pendant un certain temps, il est probable que vous ayez rencontré certaines personnes de son entourage et que certaines d'entre elles soient maintenant dans votre cercle d'amis. Si vous entendez que votre ex parle encore de vous constamment, cela peut être un signe qu'il ou elle a toujours des sentiments pour vous.
9. **Votre entourage n'est pas toujours informé de votre rupture:** Il est vrai que chacun a besoin de temps pour faire le deuil et pour parler de sa douleur. Parfois, lorsqu'on fait face à une perte,

surtout dans les premiers moments, on peut être tenté de nier la réalité. Une façon de nier est de ne pas en parler, avec l'idée que "si je ne le dis pas, cela n'existe pas". Dans ce cas, votre entourage ne sait peut-être pas que vous avez rompu, et peut donc se raccrocher à l'espoir de vous réconcilier. Il peut être difficile pour lui d'accepter la rupture ou il peut souhaiter une seconde chance.

10. **Message à des heures tardives :** Qui n'a jamais été réveillé par un message de son ex, en état d'ivresse, disant des choses qui n'ont pas été dites auparavant ? Cela peut signifier qu'inconsciemment, cette personne ne pense qu'à vous.

11. **Des nouvelles de sa vie amoureuse :** Peut-être que votre ex a essayé de reconstruire sa vie après la rupture, et a réalisé que la personne qu'il souhaite vraiment être avec, c'est vous. Il peut alors avouer qu'il a essayé de se remettre avec d'autres personnes, mais qu'il les compare constamment à vous, ce qui ne peut signifier qu'une chose : il a toujours des sentiments pour vous.

12. **Il vous demande de vous voir :** Si vous discutez souvent et que cette personne trouve des excuses pour vous voir, elle peut vouloir se remettre avec vous. Elle peut dire qu'elle veut vous voir et avoir des nouvelles de vous.

13. **Évocation de souvenirs :** En plus de vouloir vous voir, vous pouvez remarquer que cette personne vous emmène dans des endroits importants pour vous, comme le restaurant de votre premier rendez-vous ou l'endroit où il vous a demandé de sortir ensemble. C'est un autre signe à prendre en compte et qui indique que votre ex souhaite probablement se remettre avec vous.

14. **Importance accordée à la conversation** : Il est important de remarquer si cette personne donne de la valeur à vos

conversations. Si elle vous parle comme si de rien n'était en raison de votre amitié, mais insiste sur le fait qu'elle se sent à l'aise en vous parlant et aime le faire, cela peut signifier qu'elle souhaite se remettre avec vous.

15. **Retour d'information sur les conversations :** Il est important de remarquer si l'autre personne donne de la valeur à vos conversations, peut-être qu'elle vous parle comme si de rien n'était parce qu'elle vous considère vraiment comme un ami dans sa vie, malgré tout ce qui s'est passé et en fonction de la façon dont vous avez convenu de terminer, mais si la personne est intéressée par le fait de se remettre avec vous, elle insistera beaucoup sur le fait qu'elle se sent très à l'aise, qu'elle a envie de vous parler et qu'elle aime vous parler.

16. **Détail du spectacle :** Lorsqu'une personne fait un effort pour revenir dans la vie de l'autre, vous remarquez qu'elle est très détaillée. Par exemple : lorsque vous vous rencontrez, il/elle vous apporte la barre de chocolat que vous aimiez tant. C'est un petit détail qui peut cacher plusieurs sentiments et une façon de dire "je tiens toujours à toi" et "je pense toujours à toi" sans mots. Ces détails sont un autre signe que votre ex veut probablement se remettre avec vous

Dans ce cas, vous vous demandez peut-être si vous pouvez récupérer votre ex même s'il ou elle est avec quelqu'un d'autre.

Que faire si mon ex est déjà en couple ?

Si votre ex est en couple avec quelqu'un d'autre, il y a peu de chances qu'il revienne vers vous. Voici quelques conseils pour vous aider à faire face à cette situation :

✓ Regardez les choses positivement. Cela peut vous donner la preuve définitive que votre relation avec votre ex appartient maintenant au passé.

- ✓ Évitez de rivaliser avec la nouvelle relation de votre ex. Gardez à l'esprit que votre ex pouvait être amoureux de vous auparavant, mais que ces deux étapes sont différentes.
- ✓ Ne prenez pas la situation personnellement. Il ne faut pas se sentir inférieur parce que votre ex est dans une nouvelle relation. Continuez votre vie et passez à autre chose.
- ✓ Tirer les leçons de cette expérience sans vous concentrer sur votre ex et sa nouvelle relation.
- ✓ Ne vous fiez pas aux apparences. Il est possible que votre ex ne soit pas aussi heureux en couple qu'il le paraît.
- ✓ Écrivez une lettre pour exprimer ce que vous ressentez, mais ne l'envoyez pas. Gardez-la pour vous et utilisez-la comme un moyen de libérer vos émotions.

Apprenez les leçons que cette expérience peut vous apporter, mais de votre propre point de vue. En d'autres termes, le fait que votre ex ait une nouvelle relation ne change pas l'essence de la rupture. Par conséquent, concentrez-vous sur les leçons que vous avez tirées de l'au revoir et du temps que vous avez passé ensemble.
Ne vous fiez pas aux apparences. Ce n'est pas parce que votre ex a un partenaire qu'il ou elle est plus heureuse que vous. En fait, il ou elle peut ressentir davantage de solitude intérieure et de tristesse.
Écrivez une lettre exprimant ce que vous ressentez face à cette situation. Mais n'envoyez pas ce message. Garde-le pour vous et faites cet exercice comme un exutoire.

Comment faire pour ne pas être affecté par le fait que votre ex a une nouvelle relation rapidement ?

Il est normal de se sentir blessé si votre ex est en couple avec quelqu'un d'autre. Cependant, pour vous aider à surmonter cette situation, suivez les conseils donnés précédemment et ne vous considérez pas comme une victime. Dites adieu à cette relation avec gratitude pour ce qu'elle vous a apporté, prenez de la distance avec votre ex et concentrez-vous sur d'autres choses, d'autres personnes et d'autres projets. Si vous pensez constamment à "pourquoi mon ex a une nouvelle relation si rapidement", changez votre façon de penser et concentrez-vous sur votre propre évolution personnelle et votre paix intérieure.

En résumé, dis adieu à cette histoire avec gratitude pour tout le bien qu'elle t'a apporté. Prends de la distance avec ton ex, par exemple en demandant à des amis en commun de ne plus te tenir informé de sa vie. Concentre-toi sur d'autres activités, projets et personnes. Cela ne signifie pas que tu l'oublieras du jour au lendemain, mais la clé pour surmonter la douleur est de ne pas laisser cette obsession occuper constamment tes pensées.

Si la question "pourquoi mon ex a-t-il trouvé une petite amie si rapidement?" te trouble, trouve une autre perspective. Par exemple, tu peux te demander comment cela t'aide à grandir en tant que personne. Il est important de se concentrer sur la paix intérieure pour son propre bien-être. Ainsi, en ne comparant pas ta situation à celle de ton ex, tu peux avancer avec confiance, guidé par ton propre cœur.

Mon ex se vante d'être heureux, pourquoi et que faire ?

Tomber amoureux est une source de joie, on se sent plus heureux et la vie paraît différente. En réalité, le cerveau des personnes amoureuses déclenche des réactions physiques et libère des substances chimiques qui jouent un rôle clé dans la formation de ce sentiment. Cependant, lorsque l'on n'est plus avec cette personne, cela peut devenir pénible, surtout si nous constatons que notre ex-partenaire a tourné la page et que pour nous le temps s'est arrêté au moment de la rupture. Nous allons vous expliquer pourquoi votre ex se vante d'être heureux et comment réagir.

Pourquoi mon ex dit-il/elle qu'il/elle est mieux sans moi ?
Il se peut que votre ex-partenaire voie que vous êtes toujours attaché(e) à la relation et ne sache pas quoi faire pour vous faire comprendre que c'est terminé. Parfois, lorsqu'on se sent coupable d'avoir fait du mal à quelqu'un, on cherche à se racheter, sans se rendre compte que cela peut ne pas être la meilleure façon de faire. Pour vous encourager à passer à autre chose et à l'oublier, votre ex-partenaire peut dire des choses comme "Je suis mieux sans toi" pour vous montrer que votre vie doit avancer sans l'autre personne.

Toutefois, il est également important de réagir lorsqu'une personne qui vous a été importante vous blesse en disant quelque chose de blessant, comme "Je suis mieux sans toi". Vous pouvez agir en suivant les étapes suivantes :

- ✓ **Exprimez vos sentiments**. Si vous êtes blessé(e) par les paroles de l'autre personne, il est important de les exprimer et de les communiquer pour que cette personne puisse vous donner ses raisons ou simplement s'excuser.
- ✓ **Demandez-lui pourquoi il/elle a fait cela.** Si vous avez des doutes, il est préférable de les poser à l'autre personne et de connaître son point de vue.

- ✓ **Faites le point sur votre relation**. Lorsque votre ex-partenaire fait une déclaration de ce genre, c'est peut-être le moment de faire le point sur la relation de manière objective. Il se peut que cette relation était néfaste pour vous aussi et que cela vous permette d'ouvrir les yeux.

Pourquoi ai-je l'impression que mon ex est heureux et pas moi ?

Vous avez l'impression que votre ex a avancé, tandis que vous êtes toujours bloqué dans ce chapitre de votre vie. Vous vous posez des questions et ne trouvez pas de réponse. Il/elle est heureux/se, mais pas vous. Cela peut être triste, anxiogène et angoissant. Examenons les causes possibles.

- ✓ **Idéalisation :** Il se peut que vous ayez une vision idéalisée de votre ex. Vous ne pouvez penser qu'à ses qualités, mais il est important de se rappeler que personne n'est parfait. Vous avez l'impression de vous être séparé de la personne la plus parfaite du monde, mais c'est parce que vous l'avez idéalisé et que vous ne pouvez pas voir ses défauts.

- ✓ **Attentes :** Il se peut que les attentes envers la relation n'aient pas été les mêmes. Vous vous voyiez passer le reste de votre vie ensemble, mais l'idée de la fin n'était jamais apparue. Vous avez fixé des objectifs en commun, et maintenant vous vous sentez impuissant. Il est peut-être temps de définir vos propres objectifs.

- ✓ **Connaissance partielle :** Les réseaux sociaux permettent de rester en contact avec les gens, mais il est important de se rappeler que seulement une partie de leur vie est montrée. Les plateformes sociales montrent généralement les bons moments, les moments joyeux, les voyages, etc. Ne vous basez pas sur ce que vous voyez sur ces plateformes.

- ✓ **Contact permanent :** Comme évoqué précédemment, les réseaux sociaux peuvent être une source d'attachement qui vous relient au passé. Il peut être bénéfique de prendre ses distances avec cette personne sur les réseaux sociaux en supprimant votre ex-partenaire si vous jugez que c'est nécessaire pour avancer. Si vous considérez que cela est trop radical et que l'autre personne pourrait mal le prendre, vous pouvez toujours envoyer un message explicatif : "Pendant un certain temps, je préfère tenir une distance avec toi dans ma vie, c'est pourquoi j'ai décidé de ne plus te suivre sur les réseaux sociaux, j'espère que tu comprends que c'est pour mon bien".

- ✓ **Parler excessivement de l'autre personne :** Il est inévitable d'avoir des moments de réflexion sur une rupture, mais il est important de ne pas devenir obsessionnel en parlant constamment de son ex-partenaire. Évitez de le faire passer en première ligne dans chaque conversation ! Élargissez vos pensées à de nouveaux sujets.

- ✓ **Blessure à l'estime de soi :** Les membres de la famille, les amis, les partenaires et les collègues de travail peuvent tous avoir une grande influence sur la façon dont nous nous percevons. Le fait que l'un d'entre eux quitte volontairement votre vie peut donc affecter votre estime de soi.

- ✓ **Peur de la solitude** : Il se peut que la perte de lien avec votre partenaire ait suscité en vous un sentiment de solitude, surtout si votre ex-partenaire a déjà tourné la page. Lorsque nous ressentons cela, il est important de se rappeler que nous avons plus de gens autour de nous dans la vie et que l'un des meilleurs compagnons devrait être nous-mêmes.

Comment surmonter le fait que mon ex soit heureux avec un nouveau partenaire ?

Pour surmonter le fait que votre ex est heureux avec son nouveau partenaire, la première étape est de retrouver sa confiance en soi et de renforcer son estime de soi. Voici quelques conseils pour y parvenir :

1. **Liste de compliments :** Dresser une liste de compliments que vous avez reçus au cours de votre vie, surtout les plus récents, peut vous aider à vous rappeler vos qualités. Si vous avez du mal à vous en souvenir, n'hésitez pas à demander à vos proches. Cela vous aidera à vous concentrer sur les bonnes choses en vous et à vous donner de l'énergie pour avancer.

2. **Faites des plans :** Éviter de vous isoler est important pour surmonter la tristesse. Prenez le temps de planifier des activités pour vous et pour sortir avec d'autres personnes. Au lieu d'attendre que les autres vous proposent des plans, prenez l'initiative de les organiser vous-même. Cela montrera que votre vie continue sans votre ex et que vous avez d'autres personnes pour vous soutenir.

3. **Exercice physique :** Faire du sport peut aider à combattre la tristesse en stimulant le corps et l'esprit. L'exercice physique libère des substances qui augmentent votre énergie et votre bien-être, ce qui vous aidera à oublier votre ex.

4. **Essayez quelque chose de nouveau :** C'est le moment de commencer une activité que vous avez toujours voulu faire, comme prendre des cours de danse, voyager ou créer votre propre jardin. Planifiez d'abord cette activité en déterminant quand et comment vous la ferez, et seul ou avec d'autres personnes. Puis, réalisez-la.

5. **Prenez soin de vous :** Cessez de consacrer du temps à penser à une autre personne et consacrez-en à vous. Rappelez-vous ce qui vous rend heureux, vos passions, ce film qui vous fait toujours rire, cet ami qui vous fait toujours ressortir votre meilleure version, entourez-vous de votre famille. Essayez de faire tout ce qui est en votre pouvoir pour améliorer votre bonheur et consacrez-vous entièrement à cette tâche.

6. **Pleine conscience ou méditation :** La méditation, la pleine conscience ou le mindfulness (La pleine conscience) peuvent vous aider à accepter la réalité sans évaluation négative. C'est un outil qui vous permet de concentrer votre attention sur le moment présent, ce qui peut certainement améliorer votre humeur. Vous trouverez ici des exercices de pleine conscience simples.

7. **Posez-vous des questions :** Une perte est une crise dans la vie d'une personne, mais tout n'est pas négatif, comme on dit souvent, et même si cela peut être difficile à croire, les moments de crise sont des moments d'opportunité. Il est temps de vous fixer de nouveaux défis, objectifs, plans... Pour ce faire, voici quelques questions qui peuvent vous aider à repenser ce que vous voulez et où vous voulez aller.

□ À quoi ressemble un jour parfait pour moi ?
□ Qu'est-ce qui fait que je perds la notion du temps ?
□ Qui m'inspire et pourquoi ?
□ Qu'est-ce que j'ai toujours voulu faire dans ma vie ?
□ Qu'est-ce que je veux améliorer chez moi ?
□ Qu'est-ce que j'aime dans ma vie actuelle ?
□ Pouvez-vous faire une liste des choses pour lesquelles je suis doué ?
□ Quels sont mes objectifs dans la vie ?
□ Qu'est-ce qui me retient d'avancer ?
□ Quels sont mes valeurs les plus importantes ?
□ Qu'est-ce qui m'empêche de dormir paisiblement la nuit ?
□ Qu'est-ce qui m'aide à me concentrer ?

8. Affirmations : Il est important de se répéter des phrases positives dans les moments où nos émotions sont intenses, pour se sentir bien et éviter les sentiments de culpabilité et de dévalorisation qui peuvent accompagner la rupture avec un ex-partenaire. Voici quelques phrases à répéter tout au long de la journée :

- ✓ Je fais de mon mieux
- ✓ Je suis fier de moi
- ✓ Ma force est plus grande que ma souffrance
- ✓ Je suis entouré d'amour
- ✓ Je laisserai partir ce que je ne peux pas contrôler. Je vais laisser partir les choses que je ne peux pas contrôler.

Pourquoi suis-je jaloux de mon ex ?

Pourquoi suis-je encore jaloux de mon ancien partenaire alors que nous ne sommes plus ensemble ? Cette question est fréquente chez les personnes qui viennent de subir une rupture récente et qui n'ont pas encore accepté la situation et la fin de la relation. Sentir de la jalousie est normal dans les relations, mais cette émotion peut également surgir ou s'accentuer après la rupture, en raison de la peur que l'autre personne trouve quelqu'un d'autre ou soit heureuse sans nous.

Si vous ressentez toujours de la jalousie envers votre ex et vous vous demandez pourquoi, les causes possibles peuvent être les suivantes:

Vous n'êtes pas encore guéri de la rupture :

Les ruptures amoureuses peuvent être douloureuses et difficiles, surtout si la relation a pris fin par la décision de l'autre personne. Si vous avez encore des sentiments pour votre ex-partenaire, si vous avez besoin de lui parler, de le voir ou de savoir ce qu'il fait à tout moment, il est possible que vous soyez jaloux à l'idée qu'il puisse être avec quelqu'un d'autre et reconstruire sa vie amoureuse sans vous. Pour surmonter une rupture, il est important d'accepter la situation et de respecter la décision de l'autre personne. Il faut accepter ce qui s'est passé, laisser du temps passer et penser positivement. Avec le temps, vous verrez que si la relation s'est terminée, c'était pour une bonne raison et que c'était le mieux pour vous, car vous méritez d'être avec quelqu'un qui veut vraiment partager sa vie avec vous. Il est important de se concentrer sur soi-même pour oublier votre ex-partenaire, de faire des activités avec votre famille et vos amis pendant votre temps libre. C'est juste un autre chapitre de votre vie, et avec le temps, vous verrez que cela ne vous fera plus mal et sera juste un autre souvenir.

1. **Facteur possessif :**

La jalousie peut également être étroitement liée à la possessivité. Les personnes très possessives qui considèrent leur partenaire comme leur propriété ont tendance à mal accepter la rupture et à ne pas supporter l'idée que leur partenaire puisse aimer quelqu'un d'autre ou s'engager dans une nouvelle voie sans eux/elles. En plus de la jalousie, les personnes possessives ont tendance à adopter un comportement très contrôlant, en raison de leur besoin impérieux de savoir ce que l'autre personne fait, avec qui elle est, où elle va, etc. Il est important de comprendre que nous sommes tous des individus libres et que nous n'appartenons à personne. Le fait qu'une personne ait une relation affective avec nous ne signifie pas qu'elle nous appartient et nous ne devrions jamais essayer de contrôler la vie d'une autre personne.

- **Insécurité et faible estime de soi :**

Le doute et le manque de confiance en soi peuvent également être à l'origine de la jalousie que vous ressentez envers votre ex-partenaire. Souvent, nous pensons que nous ne valons pas assez ou que nous ne sommes pas à la hauteur des autres, et nous pensons que, tout comme nous n'avons pas été capables de maintenir l'amour de notre ex-partenaire, nous ne serons pas capables d'attirer l'attention d'autres personnes ou de trouver quelqu'un d'autre. Cela peut nous amener à rester bloqué dans le passé. Tout cela révèle un manque de confiance en soi et une estime de soi très basse. Ce type de personne a tendance à minimiser ses qualités et à exagérer ses défauts.

- **Peur d'être seul :**

La jalousie envers l'ex-partenaire peut également être liée à la peur d'être seul. Lorsque nous perdons notre partenaire, nous réalisons que nous ne sommes pas remplaçables et nous pouvons penser que sans lui/elle, nous serons seuls et que nous ne trouverons pas une personne avec qui nous aurons la même confiance, le même amour, la même complicité, etc. Cela peut entraîner des sentiments de désespoir, de tristesse et d'insécurité, et nous amener à la jalousie à l'idée que notre ex-partenaire puisse rapidement trouver quelqu'un d'autre pour partager sa vie.

Comment surmonter la jalousie vis-à-vis de mon ex ?

Il est fréquent de ressentir de la jalousie après une rupture. Le Centre de Conseil de l'Université de Villanova explique que les émotions après une séparation sont similaires à celles éprouvées suite à la perte d'un proche ou d'un ami. Il est normal de ressentir du déni, de la tristesse et de la culpabilité, ainsi que de la jalousie et de la colère, surtout si votre ex est avec quelqu'un d'autre ou si vous avez l'impression d'avoir perdu votre temps avec lui. Susan Elliott, auteur de "Passer au-delà de votre rupture", recommande de prendre conscience de vos émotions et de tenter de les comprendre pour les relativiser et avancer.

Voici quelques conseils pour surmonter la jalousie envers votre ex :

- Acceptez la situation et concentrez-vous sur votre bien-être et votre bonheur, même si cela peut être difficile au départ. Évitez de vous concentrer sur une éventuelle réconciliation et regardez vers l'avenir.
- Évitez de vous isoler et de vous critiquer. C'est le moment d'être entouré, de vous distraire et de faire de nouveaux projets pour rencontrer de nouvelles personnes.
- Ne vous interrogez pas sur les raisons de votre jalousie envers votre ex, cela ne fera qu'empirer les choses. Au contraire, concentrez-vous sur les aspects positifs de votre vie.
- Ne vous comparez pas aux autres et rappelez-vous votre valeur personnelle.
- Tournez la page et concentrez-vous sur ce qui vous rend heureux, comme votre travail, votre maison, votre famille et vos amis.
- Pour oublier votre ex et avancer, évitez tout contact avec lui/elle. Gardez vos distances pour faciliter votre guérison.

Lorsque la jalousie devient nocive !

La jalousie peut devenir nocive ou pathologique lorsqu'elle est incontrôlable, sans fondement objectif, nous annihile en tant que personne, interfère avec notre vie quotidienne et affecte notre bien-être psychologique. Dans ces cas, il est important de se rappeler que les problèmes de jalousie peuvent être surmontés et pour y parvenir:

☑ **Trouvez un système de soutien.** La famille et les amis qui vous aiment et sont prêts à vous écouter peuvent vous aider à faire face à la situation. Il est conseillé de ne se confier qu'à des amis qui ne sont pas proches de votre ex, car il ne serait pas judicieux de partager vos sentiments avec lui.

☑ **Maintenez une routine quotidienne**, selon le Centre de counseling de l'université Villanova. Levez-vous le matin, même si vous n'en avez pas envie, et allez travailler ou à l'école comme d'habitude. Le soir, au lieu de passer du temps avec lui, occupez-vous en faisant le ménage, en retrouvant des amis ou en faisant une séance de jogging. En vous occupant, vous aurez moins de temps pour penser à votre ex, selon Lisa Steadman, auteur de "C'est une rupture, pas une crise".

☑ **Trouvez des moyens créatifs et constructifs** pour mettre fin à votre relation et surmonter vos sentiments de jalousie. Tenir un journal, pratiquer des activités artistiques ou artisanales sont quelques-unes des suggestions de l'université Villanova. En créant une issue sûre et privée pour vos sentiments, vous serez moins enclin à agir impulsivement, selon le guide "The Girl's Guide to Surviving a Breakup". Vous pouvez également explorer les causes profondes de votre jalousie, qui peuvent ne pas avoir de rapport avec votre ex.

- ☑ **Prenez des mesures pour éviter tout contact** avec votre ex par le biais de la technologie. Bloquez-le sur les réseaux sociaux, ne créez pas de nouveaux comptes pour le suivre et supprimez tous les messages romantiques qu'il vous a envoyés ainsi que son numéro de téléphone de votre portable.

- ☑ **Evitez les endroits fréquentés par vous et votre ex**, et ne passez pas devant chez lui/elle pour voir si son nouveau partenaire est dans les parages. Certains endroits seront inévitables, surtout si vous travaillez ou étudiez au même endroit. Cependant, penser à votre ex ou le/la voir ne fera qu'entretenir les émotions que vous devez surmonter pour passer à autre chose.

- ☑ **Accordez-vous du temps.** Les émotions sont complexes et nous y réagissons tous de manière différente. Il faut du temps pour se remettre d'une rupture et ce temps varie d'une personne à l'autre, comme l'expliquent Lynn Harris et Chris Kalb dans leur livre "Breakup Girl to the Rescue !" Personne ne peut dire quand votre cœur guérira. Donnez-vous la permission de travailler sur vos sentiments à votre propre rythme.

Partie II : Surmonter la Rupture

Cœur brisé : Comment surmonter le chagrin d'amour ?

Vous souffrez d'un chagrin d'amour et ne savez pas quoi faire ? Dans cette partie du livre, vous apprendrez ce qui peut vous aider réellement dans cet état et comment vous pouvez envisager l'avenir avec plus de confiance, y compris en suivant un cours gratuit sur l'amour de soi.

Qu'est-ce que le chagrin d'amour ?
Le chagrin d'amour peut prendre plusieurs formes, par exemple, les personnes concernées peuvent faire le deuil d'un amour passé ou non réciproque, n'ont pas la chance de trouver un partenaire ou souffrent de problèmes relationnels actuels. Le chagrin d'amour est un processus de deuil très personnel qui peut s'accompagner de sentiments différents, tels que : Douleur, Colère, Désespoir, Peur, Jalousie Apitoiement sur soi, Manque de compréhension et Solitude.

Pourquoi souffrons-nous de chagrin d'amour ?
Si votre amour n'est pas partagé ou si une rupture s'est produite, vous subissez des pertes douloureuses, car le lien émotionnel avec une personne chère se termine. Il est normal de ressentir un chagrin d'amour même si vous avez pris une décision consciente de vous séparer.

Pourquoi une rupture est-elle si douloureuse ?
La raison biologique est que lorsque vous aimez quelqu'un, le système de récompense dans votre cerveau s'active et que votre corps libère des messagers de bonheur tels que l'ocytocine, la sérotonine et la dopamine. Chaque pensée à l'être aimé, chaque rencontre et chaque contact déclenche en vous des sentiments de bonheur. Si, par exemple, une relation se termine et que vous ne pouvez plus être proche de cette personne, votre cerveau manque ces hormones positives de bonheur, ce qui peut se comparer aux processus neurologiques et biochimiques d'un toxicomane en

sevrage. Les personnes qui subissent une rupture ressentent alors une véritable douleur physique et émotionnelle. Émotionnellement, un chagrin d'amour est souvent dû à un amour non partagé, soit parce qu'une relation n'a jamais eu lieu, soit parce qu'elle a pris fin. Ce rejet peut blesser notre estime de soi et donner l'impression de ne pas être assez bons. Les personnes en proie à un chagrin d'amour peuvent ressentir une anxiété intense et remettre en question leur propre valeur.

Peut-on "guérir" un chagrin d'amour ?

Il n'existe pas de remède miracle pour guérir immédiatement un chagrin d'amour et se débarrasser des sentiments négatifs. Il s'agit d'un processus personnel qui peut durer de quelques semaines à plusieurs mois, selon des facteurs tels que la durée de la relation, l'intimité de la relation, le type de personnalité de la personne en deuil et le niveau de soutien social. Il est important de prendre soin de soi et de ses besoins pendant ce processus, car la façon de gérer un chagrin d'amour peut influencer son intensité. Il n'y a pas de remède unique pour guérir un chagrin d'amour, mais vivre ce processus peut être bénéfique à long terme.

Le processus de guérison suite à un chagrin d'amour peut varier d'une durée de quelques semaines à plusieurs mois et est très personnel. Cette durée peut être influencée par plusieurs facteurs tels que la nature de la relation (mutuelle ou non), sa durée, son intimité, la personnalité de la personne endeuillée et le soutien social. En cas de chagrin d'amour consécutif à la fin d'une relation, vous traverserez différentes phases, telles que le déni, le choc, la colère et l'acceptation. Bien que la séquence de ces phases soit similaire pour la plupart des personnes, leur intensité et leur durée peuvent varier d'une personne à l'autre. Il n'y a pas de comportement considéré comme "normal.

Les Phases de séparation :

Les émotions après une rupture ressemblent au processus de deuil après une perte majeure, mais varient en termes d'intensité.

Néanmoins, il y a des similitudes dans la façon dont les gens gèrent une rupture et la perte d'un être cher. Le processus de séparation peut généralement être divisé en 7 phases. En résumé, les phases de séparation sont caractérisées par les modes de pensée et de comportement suivants :

- ✓ Phase 1 - Choc : « Tout semble vide et engourdi. »
- ✓ Phase 2 - Déni : "Cela ne peut pas être vrai !"
- ✓ Phase 3 - Colère : « Qui m'a causé cela ? »
- ✓ Phase 4 - Montagnes russes émotionnelles : "Pourquoi moi?"
- ✓ Phase 5 - Acceptation : "Nous avons effectivement rompu..."
- ✓ Phase 6 - Lâcher prise : "Je ne m'accroche plus au passé."
- ✓ Phase 7 - Découverte de soi : « Qui suis-je ? »

Une fois que vous avez traversé toutes les phases de votre chagrin d'amour, vous pourrez le surmonter et vous projeter dans l'avenir avec confiance.

Les hommes et les femmes souffrent-ils différemment ?

Des chercheurs de l'université de Binghampton, à New York, ont montré dans une étude que les femmes souffrent davantage des peines de cœur que les hommes. Les hommes, en revanche, souffrent plus longtemps.

Cela s'explique par le fait que les femmes et les hommes se sentent différemment après une rupture. Alors que les femmes ont tendance à lutter contre la colère, l'inquiétude et la peur, les hommes ont tendance à se sentir perdus et désorientés. Pour compenser cela, les hommes se précipitent souvent dans de nouvelles relations prématurément et se distraient de leur douleur au lieu d'y travailler activement.
Une fois que vous aurez traversé toutes les phases de votre chagrin d'amour, vous pourrez le surmonter et envisager l'avenir avec force.

Les femmes et les hommes souffrent-ils différemment ?

Des chercheurs de l'université de Binghampton, à New York, ont montré dans une étude que les femmes souffrent davantage des peines de cœur que les hommes. Les hommes, en revanche, souffrent plus longtemps.

Cela s'explique par le fait que les femmes et les hommes se sentent différemment après une rupture. Alors que les femmes ont tendance à lutter contre la colère, l'inquiétude et la peur, les hommes ont tendance à se sentir perdus et désorientés. Pour compenser cela, les hommes se précipitent souvent dans de nouvelles relations prématurément et se distraient de leur douleur au lieu d'y travailler activement.

Important : Les résultats de la recherche ne sont que des valeurs statistiques, chaque personne peut vivre des expériences très différentes..

Signes typiques : Comment se manifeste un chagrin d'amour ?

En réalité, le chagrin d'amour est différent chez chaque personne. Il n'y a pas de modèle standard dans lequel vous et vos émotions devriez entrer. Certaines des manifestations suivantes peuvent s'appliquer à vous, mais pas toutes.

Manifestations physiques : Le chagrin d'amour est souvent accompagné de manifestations physiques. Les symptômes courants sont les suivants :

- ✓ Perte d'appétit
- ✓ Excès d'appétit
- ✓ Problèmes d'estomac
- ✓ Vertiges
- ✓ Douleurs
- ✓ Insomnie
- ✓ Système immunitaire affaibli
- ✓ Symptômes d'un rhume

En outre, votre corps produit plus d'hormones de stress après une rupture. Cela peut vous donner un sentiment d'instabilité et d'impuissance.

Plaintes psychologiques : Outre les plaintes physiques, il existe souvent des plaintes psychologiques. Les plaintes les plus courantes sont :

- ✓ Manque de concentration
- ✓ Agressivité
- ✓ Dépression
- ✓ Sauts d'humeur
- ✓ Apathie
- ✓ Crises de larmes
- ✓ Sentiment de solitude
- ✓ Crises d'angoisse

Le chagrin d'amour peut être une économie d'énergie réelle, mais il peut également devenir une charge psychologique. De plus, vous pourriez vous sentir comme un échec et ne pas voir d'issue à votre situation. Il est possible de percevoir et d'accepter consciemment ces sentiments. Cependant, il est important de se rappeler que ces émotions sont temporaires.

Le syndrome du cœur brisé.

Dans les cas graves, un deuil intense peut entraîner le syndrome dangereux du cœur brisé. Il s'agit d'un dysfonctionnement soudain du ventricule gauche - le cœur n'est pas seulement brisé au sens littéral du terme. La cause en est le stress causé par la tristesse et la douleur. Les symptômes du syndrome du cœur brisé ressemblent d'abord à une crise cardiaque.

- ✓ Essoufflement
- ✓ Oppression de la poitrine
- ✓ Transpiration
- ✓ Nausées et vomissements

Contrairement à une crise cardiaque, il n'y a pas de constriction ou d'occlusion des artères coronaires - le syndrome du cœur brisé est donc moins dangereux pour la vie qu'une crise cardiaque. Cependant, des complications graves peuvent survenir, telles que des arythmies cardiaques dangereuses ou un choc cardiogénique.

C'est pourquoi il est important de surveiller de près votre corps et de ne pas hésiter à consulter votre médecin en cas de anomalies.

Conseils pour se débarrasser d'un chagrin d'amour.

Dans la suite, je vais vous présenter plusieurs stratégies pour atténuer votre peine d'amour. Vous pouvez combiner ces conseils ou choisir ceux qui vous conviennent le mieux en fonction de votre situation.

1. Utilisez votre créativité .

En explorant votre créativité, vous pouvez vous détourner de votre peine d'amour, gérer vos émotions et vous tourner vers l'avenir. Que ce soit en écrivant, en peignant ou en chantant, tout est possible.
Un exercice créatif précieux consiste à créer un tableau de visualisation. C'est une sorte de collage ou de tableau où vous pouvez exprimer vos pensées et vos sentiments à travers des photos, des textes, des dictons ou des croyances - il n'y a pas de limites à cette méthode. En créant un tableau de visualisation, vous pouvez manifester votre vie de rêve où vous avez surmonté votre peine d'amour et regardez vers l'avenir avec joie. L'avantage est que vous façonnez mentalement votre avenir au lieu de rester bloqué dans le passé et les douleurs associées.
Une fois votre tableau de visualisation terminé, placez-le de manière à le voir tous les jours. Il peut ainsi renforcer votre vision à tout moment et vous aider à croire en vous et en la vie après une peine d'amour.

2. Arrêtez l'auto-sabotage :

Essayez de reconnaître et d'arrêter les comportements autodestructeurs pour surmonter une peine d'amour. Si vous vous sabotez, vous freinez vos propres objectifs, besoins ou valeurs, consciemment ou inconsciemment. Cela se produit lorsque nous nous mettons des obstacles et sommes guidés par des modèles de comportement appris, des croyances négatives, des doutes ou des peurs. Les personnes souffrant d'auto-sabotage ne croient pas en leurs capacités et ont peur d'échouer.

Exemple d'auto-sabotage :
Après une rupture, par exemple, l'auto-sabotage peut se manifester lorsque vous pensez que vous méritez d'être rejeté et que vous ne serez jamais heureux (en amour) à l'avenir.

Voici 5 conseils pour surmonter l'auto-sabotage :

Conseil 1 : Reconnaître les besoins sous-jacents à l'auto-sabotage.
Il est important de prendre conscience de ses propres émotions et de comprendre les besoins qui se cachent derrière l'auto-sabotage. En fonction de votre tendance (procrastination, manque de confiance en soi, mauvaises décisions financières, etc.), vous pourrez identifier les causes de votre comportement auto-saboteur. Une fois que vous avez compris les déclencheurs, vous pouvez alors commencer à élaborer des stratégies plus saines pour surmonter l'auto-sabotage. Il est important de comprendre les causes pour pouvoir travailler dessus. Peu de personnes souffrent de troubles de la personnalité graves qui peuvent également expliquer ce comportement. Les troubles mentaux tels que la dépression sont moins stigmatisés qu'il y a dix ans et, surtout en période de crise, il n'est pas rare de se faire diagnostiquer et de recevoir un traitement. L'auto-sabotage inconscient (que les psychologues décrivent aussi comme "auto-handicap") repose sur des schémas difficiles à comprendre pour la personne concernée.

Conseil 2 : Identifier d'autres comportements sains.
Par exemple, si vous n'êtes pas satisfait de votre corps et que vous voulez faire des changements, commencez par des petits pas. Favorisez l'amélioration plutôt que la suppression pour atteindre votre objectif de poids santé de manière progressive. Sinon, vous courrez le risque de vous auto-saboter. L'abstinence peut être bénéfique, mais l'abstinence totale peut ressembler à une punition. Les sentiments négatifs et une mauvaise image de soi peuvent conduire à des pensées sombres et à des habitudes difficiles à briser. Interagir avec d'autres personnes, faire du sport ou découvrir de nouveaux passe-temps peuvent aider à surmonter ces difficultés. Ne

sous-estimez pas le pouvoir de l'interaction sociale. L'isolement et la solitude chroniques peuvent renforcer l'auto-sabotage. Parfois, il peut également être utile de minimiser les tâches peu importantes pour les accomplir plus rapidement et éviter la procrastination. Les perfectionnistes peuvent souvent complexifier inutilement les projets, mais il peut être plus facile de surmonter les dernières étapes que les premières. Gardez à l'esprit le dicton "Les dernières choses d'abord". C'est également intéressant de constater à quel point il est facile de se tromper soi-même sans s'auto-saboter.

Conseil 3 : Obstacles et stratégies de plan B.

Il serait naïf de penser que les nouveaux comportements peuvent être facilement et rapidement intégrés dans la vie quotidienne. Il est préférable d'adopter une "stratégie des petits pas" et de tenter d'adapter ses comportements progressivement.

Mettez en place des ancrages de soutien pour la vie quotidienne. Par exemple : Lorsque vos pensées sont bloquées et que vous risquez de vous laisser submerger par des pensées autodestructrices, appelez un proche avec qui vous aimeriez discuter. N'hésitez pas et, si nécessaire, notez deux contacts que vous pourrez toujours joindre d'une manière ou d'une autre. Parfois, il suffit d'avoir la certitude de pouvoir joindre quelqu'un.

Conseil n°4 : Augmentez votre tolérance aux sentiments désagréables

Compassion plutôt que pitié, envers les autres et envers nous-mêmes. L'amour de soi est également la clé pour surmonter l'auto-sabotage. Lorsque nous nous traitons avec amour, que nous connaissons nos besoins et que nous fixons des limites, nous sommes moins enclins à nous saboter ou à saboter nos relations. Cependant, apprendre à fixer des limites et à dire "non" est difficile pour beaucoup de personnes. Elles ont peur de contrarier ou de décevoir les autres. Et effectivement, il n'est pas toujours facile de refuser à quelqu'un. Il y a un sentiment de malaise lorsque nous refusons une demande à une autre personne.

Le fait est que vous ne pourrez pas satisfaire tout le monde - et ce n'est pas ce que vous devriez faire. Acceptez le désagrément.

Conseil n°5 : Prenez conscience de vos valeurs et objectifs.
Les croyances sont cruciales et nous en avons tous. Certaines peuvent être inconscientes, comme celles transmises dès l'enfance par notre mère ou acquises au fil des années, qui peuvent influencer nos pensées. Il ne s'agit pas de mantras spirituels, mais de simples croyances qui vous apportent espoir et énergie. Réciter des affirmations positives ou créer des tableaux de vision peuvent vous aider à faire de vos rêves une réalité. Si vous les répétez quotidiennement ou les mettez à jour régulièrement, vous aurez une vue d'ensemble de vos besoins et objectifs. Des études montrent que la façon dont nous réagissons au succès ou à l'échec ne dépend pas vraiment de nos performances, mais plutôt de nos croyances sous-jacentes sur l'intelligence. Les croyances personnelles sont donc responsables de la façon dont nous gérons le succès et l'échec. Certaines choses peuvent être mal perçues par tout le monde, mais cela dépend de notre façon de les gérer et de les traiter. Considérons-nous les erreurs comme une opportunité pour nous améliorer et apprendre de nos erreurs ? Ou réagissons-nous de manière défensive et considérons-les comme un échec personnel sans même réaliser leur potentiel de croissance ?

3. Mettre en place des systèmes plutôt que des objectifs.

Il est préférable de mettre en place des systèmes plutôt que de se contenter de fixer des objectifs. Les objectifs fixés souvent très hauts peuvent conduire à des actions impulsives qui bloquent le chemin vers la réalisation de l'objectif. Il est donc important de se poser la question : "Que dois-je faire pour atteindre mon objectif ?"

Par exemple, si vous souffrez de la rupture d'une relation amoureuse, il peut être difficile de ne pas regarder les stories Instagram de l'ex-partenaire. L'objectif peut être de ne plus regarder ces histoires à l'avenir. Cependant, la curiosité peut prendre le dessus et entraîner un regard sur les stories "juste cette fois", ce qui peut causer un malaise. Dans ce cas, la meilleure stratégie serait de bloquer la personne sur les réseaux sociaux ou de faire une pause de la consommation de médias sociaux. Au lieu de se fier à la volonté, cela crée consciemment des obstacles pour éviter de regarder les stories Instagram. Cette stratégie systémique sera plus efficace pour faire face au chagrin d'amour.

4. L'amour de soi et les soins de soi

En cas de chagrin d'amour, il est important de prendre soin de soi. En réfléchissant à ses besoins et en travaillant sur ses pensées, il est possible de grandir et de se développer à partir de la douleur. L'amour de soi et la confiance en soi sont des éléments clés dans ce processus. En s'aimant, on s'accepte tel que l'on est et on assume ses sentiments. Cela est la base d'une relation interpersonnelle épanouissante.

Pour augmenter l'amour de soi et la confiance en soi, il est important de faire confiance à ses sentiments et de les autoriser. Les éléments suivants sont importants :

- ✓ La prise de conscience
- ✓ L'acceptation de la situation telle qu'elle est
- ✓ La libération et la réalignation des émotions
- ✓ La création d'un état d'esprit sain

5. Se tourner vers l'avenir

Les personnes qui traversent une peine d'amour ont souvent tendance à idéaliser l'amour passé et ont du mal à se projeter vers l'avenir. Cela peut cependant vous aider à vous remettre en question et à déterminer ce que vous attendez de vos futures relations amoureuses.

Par exemple, en comprenant le type de relation que vous souhaitez, vous pouvez mieux évaluer le type d'amour dont vous avez besoin. Il existe quatre types d'attachements : sécurisant, insécurisant-évitant, insécurisant-ambivalent et désorienté. Vous ne pouvez pas changer votre type d'attachement, mais vous pouvez réfléchir à vos comportements et à vos schémas relationnels et éviter les tendances négatives à l'avenir. Pour vous ouvrir à un nouvel amour après votre peine d'amour, vous devez également comprendre ce qui constitue une bonne relation. Des attentes irréalistes ne vous mèneront nulle part.

6. Distractions positives pour surmonter un chagrin d'amour.

Pour éviter de sombrer dans la tristesse et la solitude pendant une rupture amoureuse, il est important de se concentrer sur des distractions positives. Les passe-temps que vous appréciez peuvent vous aider à vous changer les idées. En consacrant du temps à vos anciens ou nouveaux passe-temps, vous pouvez vous éloigner de vos pensées amoureuses et vous sentir mieux. Cela est dû au fait que votre cerveau est occupé à traiter de nouvelles informations.

Les passe-temps ont également un effet positif sur votre bien-être. Par exemple, faire du sport libère des hormones du bonheur dans votre corps, tandis qu'une activité artistique comme la peinture ou la musique peut produire des résultats similaires. En plus des passe-temps, adopter une routine régulière peut aussi aider à surmonter un chagrin d'amour. Plus vous avez une structure dans votre vie quotidienne, plus votre esprit sera capable de s'éloigner de vos routines antérieures liées à la personne perdue.

7. Investir dans les amitiés

Il est facile de se replier sur soi-même lorsqu'on traverse une rupture, mais cela peut être contre-productif. Les amitiés peuvent vous aider à vous distraire de la douleur et à vous concentrer sur des choses positives.

N'hésitez pas à tendre la main à vos amis et à planifier des activités ensemble, comme une soirée au cinéma ou un hobby partagé. Si vos amitiés se sont estompées pendant ou avant la rupture, c'est le moment idéal pour les renforcer ou en faire de nouvelles. Vous pouvez les renforcer en faisant des activités ensemble ou en adoptant des routines communes.

8. Apprenez à lâcher prise

Le lâcher-prise joue un rôle clé pour surmonter un chagrin d'amour. Il ne s'agit pas seulement de se détacher physiquement, mais aussi de se débarrasser du bagage émotionnel et de dissiper les sentiments toxiques et les ressentiments.

En laissant aller l'amour passé avec gratitude, vous vous libérez pour un nouveau bonheur dans la vie.

Le lâcher-prise est aussi important pour le corps que pour l'esprit : retenir trop longtemps un chagrin d'amour peut entraîner des problèmes psychologiques tels que la dépression ou les troubles anxieux, et aussi des problèmes psychosomatiques tels que des maux de tête ou des troubles du sommeil.

9. Réévaluation

Lorsque vous traversez un chagrin d'amour, les sentiments romantiques vous frappent de plein fouet et ne vous lâchent plus. Ils vous empêchent de surmonter l'échec amoureux et vous vous retrouvez dans une spirale de pensées négatives. Il est temps de faire place à des pensées plus positives et d'arrêter ce cycle mental.

Dans cette situation, une réévaluation mentale est utile. Il s'agit d'évaluer un événement de manière moins négative pour le mettre plus facilement derrière soi.

Vous pouvez intégrer ce concept de réévaluation dans votre vie quotidienne et le mettre en pratique dans de nombreuses situations de la vie courante.

Par exemple, une femme rit en passant près de vous. Vous avez alors l'impression qu'elle se moque de vous. Cela vous fait vous sentir mal. Il est cependant plus probable que son rire n'ait rien à voir avec vous. Et même s'il en était autrement, pourquoi vous inquiéter de ce qu'une femme étrangère pense de vous ? Que le rire vous concerne ou non, vous pouvez vous efforcer de penser à des scénarios alternatifs pour échapper à ce mauvais sentiment : votre ami l'a fait rire, elle a vécu quelque chose de bien aujourd'hui et rit de joie, elle a pensé à une histoire drôle qu'elle a vécue. Grâce à ces réinterprétations, vous pouvez vous libérer de vos mauvais sentiments.

En ce qui concerne votre chagrin d'amour, cela signifie que vous ne devez pas chercher exclusivement les raisons en vous-même. Par exemple

Exercice : Écrivez toutes les raisons pour lesquelles la relation avec la personne qui vous cause de la peine d'amour n'aurait pas été viable à long terme. Notez toutes vos réflexions sur une feuille de papier et prenez votre temps. Je vous demande d'écrire au moins cinq à dix raisons. Placez cette feuille sur votre bureau. Dès que vous ressentez une douleur dans les jours à venir, examinez les raisons pour lesquelles cette relation ne pouvait peut-être pas être la bonne pour vous.

Les meilleures citations pour les peines de cœur.

Les meilleures citations pour surmonter un chagrin d'amour Enfin, je voudrais partager avec vous quelques citations pour vous aider à surmonter votre chagrin d'amour.

Mon conseil : si vous appréciez particulièrement l'une de ces citations, vous pouvez l'écrire sur un Post-it et le coller à un endroit bien visible, comme sur votre miroir ou votre armoire. Vous pouvez ensuite la relire chaque jour, comme un mantra.

- "L'amour fait passer le temps et le temps fait passer l'amour." – Proverbe

- "Regardez les choses sous un autre angle, car cela peut marquer le début d'une nouvelle vie." - Marcus Aurelius
- "Je n'ai jamais entendu parler d'une femme qui soit morte de chagrin d'amour. Elles ont toutes survécu sans trop de

difficultés et ont toutes l'air de se porter à merveille." - Arthur Wellesley

- "Ne cours pas après celui qui est heureux sans toi, mais trouve quelqu'un qui ne peut pas vivre sans toi." – Proverbe

- "Nous avons toujours l'espoir et, dans toutes les situations, il vaut mieux espérer que désespérer." - Johann Wolfgang von Goethe

- "La tristesse s'envole avec le temps." - Theodor Fontane

Le vide que personne ne comble : la dépendance affective.

Le vide que personne ne peut combler : la dépendance affective
La rupture d'un couple a un impact émotionnel très douloureux et est considérée comme un échec affectif difficile à surmonter. Cela peut être lié à une faible tolérance à la séparation, ce qui empêche de valoriser la personne en tant qu'être humain intégral. Cela est dû à l'espoir de renouer avec la relation, même avec ses aspects négatifs. Les personnes souffrant de cette dépendance affective ont souvent une faible estime de soi et des sentiments perturbants qui se développent ultérieurement.

La dépendance affective est une forme de dépendance interpersonnelle où la personne essaie de combler ses besoins émotionnels grâce à la relation de couple. Selon les recherches, cela peut être considéré comme une forme de dépendance comportementale qui amène les gens à adopter une position de soumission dans les relations. Cela peut causer un inconfort considérable pour les personnes qui en souffrent et interférer avec divers aspects de leur vie, tels que le travail et les relations familiales et sociales. Les personnes souffrant de cette dépendance partagent des caractéristiques telles qu'une faible estime de soi, une peur et une intolérance à la solitude, de l'anxiété face à la séparation, des déficits d'affirmation de soi, des croyances erronées sur l'amour romantique, une mauvaise conscience du problème et une incapacité à rompre la relation malgré le malaise qu'elle cause.

Surmonter la dépendance affective envers votre ex

Nous avons presque tous vécu une relation qui s'est terminée pour diverses raisons. Cependant, parfois, une dépendance affective se forme au cours de la relation et persiste une fois la relation terminée. Il est alors nécessaire de la surmonter pour pouvoir poursuivre notre vie et grandir en tant que personne. Pour vaincre cette dépendance affective, la première chose à faire est de savoir si elle existe. Vous pouvez le faire en analysant les symptômes suivants :

- ✓ **Peur du rejet ou de la rupture.** Vous ressentez une peur irrationnelle que votre partenaire vous quitte ou vous rejette et vous vous efforcez toujours de faire plaisir sans penser à vous-même.
- ✓ **Idéalisation de l'autre**. La dépendance affective que nous ressentons nous empêche de voir la réalité et nous voyons des qualités chez l'autre qui n'existent pas ou nous excusons ses défauts.
- ✓ **Sentiment de non-correspondance**. Si vous sentez que votre partenaire ne vous correspond pas, peu importe la relation que vous entretenez, vous êtes peut-être dans une situation de dépendance affective.
- ✓ **Absence d'indépendance.** Vous dépendez de l'autre personne pour tout ce que vous faites dans votre vie et vous n'êtes pas capable de mener une vie indépendante ou de faire ce que vous aimez.

La rupture du couple ne change pas toujours ces symptômes et si vous pensez que votre partenaire vous a quitté mais vous aime toujours ou ne trouvera jamais quelqu'un comme vous, la dépendance affective persiste.

LIBÉREZ-VOUS DES CHAÎNES

Le point de départ est de comprendre que vous, en tant que personne ayant un style d'attachement anxieux, avez des besoins spécifiques dans une relation. Si ces besoins ne sont pas satisfaits, vous ne serez pas heureux et vous ressentirez une dépendance affective. Pour trouver un partenaire capable de répondre à ces besoins, il est important d'accepter que vous ayez besoin d'intimité, d'accès à l'autre et de sécurité, et de croire que ce désir est légitime. C'est ce sur quoi nous allons travailler dans ce processus pour surmonter la dépendance affective envers votre partenaire.

Comment surmonter la dépendance émotionnelle ?

Avez-vous besoin d'intimité, d'une connexion avec l'autre et de sécurité, et croyez-vous que ce désir est légitime ? C'est ce sur quoi nous allons travailler dans ce processus pour surmonter votre dépendance affective envers votre partenaire.

Comment surmonter la dépendance affective ?
Une rupture de couple peut ne pas changer tout cela et si vous pensez que votre partenaire vous a quitté mais qu'il vous aime toujours ou ne trouvera pas une autre personne comme vous, la dépendance affective persiste. Il peut sembler difficile de surmonter une situation de dépendance affective, surtout si la relation a duré longtemps. Comment arrêter d'être dépendant émotionnellement ? Une fois que nous avons identifié une forte dépendance émotionnelle, il est normal de se demander comment traiter ce problème ou trouver des solutions. C'est le moment d'acquérir des outils et des solutions pour savoir comment couper ces liens affectifs avec votre ex. Voici les clés pour surmonter la dépendance affective après une rupture, que ce soit avec votre ex-partenaire ou votre partenaire actuel.

1. **Reconnaissez que vous avez un problème.** La première étape pour commencer à guérir est de reconnaître que nous avons un problème. Vous devez donc identifier et accepter que la

dépendance émotionnelle que vous avez envers votre partenaire est négative et vous nuit ainsi qu'à votre relation.

2. **Identifiez comment la dépendance affective vous blesse.** Réfléchissez à la manière dont votre dépendance négative envers votre partenaire vous fait du tort. Réfléchissez également à la façon dont cela affecte votre relation. Vous devez être pleinement conscient, non seulement de votre dépendance, mais aussi de la manière dont cette dépendance vous affecte et pourrait continuer de vous affecter dans votre vie personnelle et toutes vos relations. La prise de conscience de cela vous donnera suffisamment de motivation pour faire des changements. Comprenez vos émotions. La surmonte de la dépendance affective se fait en comprenant ce que nous ressentons et pourquoi. Apprenez à identifier ce que vous ressentez à propos de la rupture, ce qui vous rend triste, et utilisez l'intelligence émotionnelle pour surmonter la situation.

3. **Travaillez à améliorer votre estime de soi.** Travaillez à améliorer votre estime de soi. Les personnes qui ont une dépendance négative envers les autres n'ont pas appris à s'aimer assez et à se donner la valeur qu'elles méritent. Nous avons tous besoin de nous sentir aimés, respectés et appréciés pour nous-mêmes, car c'est seulement ainsi qu'une autre personne peut nous faire de même. Une personne ayant une haute estime de soi a peu de chances de développer une dépendance émotionnelle pathologique envers une autre personne. Ainsi, pour améliorer votre estime de soi, vous devez apprendre à vous aimer avec vos défauts, accepter que vous êtes unique et ne pas vous sentir obligé(e) de satisfaire les désirs des autres ou d'être comparé(e) à qui que ce soit. Vous devez vous donner de l'amour avant de pouvoir en trouver ailleurs. Ne vous sous-estimez jamais, car personne n'est parfait. Soyez fier(e) de vous tel que vous êtes et ne changez rien de votre personnalité pour satisfaire les autres. C'est à eux de s'adapter à vous et non l'inverse. Seul votre amour propre et votre haute estime de soi peuvent vous

aider à surmonter la dépendance affective et à avoir des relations amoureuses saines.

4. **Prenez du temps pour vous**. Investissez du temps dans vos objectifs, hobbies et activités préférées. Il est également important de consacrer du temps à vous-même et de ne pas négliger ce qui vous passionne, car cela donne un sens à votre vie. Vous apprendrez à être seul(e), mais surtout à en profiter et à ne plus vous sentir impuissant(e) ou anxieux(se) lorsque vous n'êtes pas avec votre ex.

5. **Pratiquez un égoïsme sain.** Après une rupture, il est important de prendre soin de soi, de faire des activités que l'on aime et de se faire plaisir.

6. **Éloignez-vous.** Mettons de la distance entre nous, prenons du recul et réfléchissons. Progressivement, nous réaliserons que la solitude est notre amie, qu'elle nous aide à nous connaître et à nous prendre soin de nous.

7. **Portez attention aux questions importantes dans votre vie.** Vous pouvez vouloir améliorer votre carrière, prendre soin de votre corps en pratiquant un sport, en voyageant ou en rencontrant de nouvelles personnes. Consacrez du temps à toutes les activités que vous avez toujours voulu faire.

8. **Profitez de la solitude.** Nous avons souvent tendance à considérer la solitude comme quelque chose de négatif, mais ce n'est pas le cas. La solitude est une opportunité pour faire ce que nous voulons, pour réfléchir et décider des aspects importants de notre vie, et pour changer notre façon de gérer les relations amoureuses.

Les ruptures sont difficiles et peuvent être douloureuses, mais il est important de continuer et de ne pas perdre confiance en soi.

Combien de temps faut-il pour faire le deuil d'une rupture ?

Après une rupture, il est nécessaire de passer par une période de deuil et d'oubli pour guérir les blessures qui restent ouvertes après l'adieu. Chaque histoire est différente et chaque personne a son propre processus pour la surmonter. Cependant, la première année qui suit la rupture d'une relation stable est très importante. Cette première année est un tournant personnel, il s'agit pour la personne de s'adapter à une nouvelle vie, de laisser derrière elle tous les moments partagés et de mener à bien de nouvelles dynamiques qui étaient auparavant partagées avec une autre personne, par exemple : les dates personnelles importantes, les festivités, les dîners en famille, les vacances... Cependant, le processus de deuil doit s'arrêter à un moment donné, car il n'est pas bon pour votre santé de rester dans un état dépressif à cause d'une rupture. Si vous vous demandez encore "Combien de temps faut-il pour faire le deuil d'une rupture", nous vous invitons à poursuivre la lecture.

Combien de temps faut-il pour oublier quelqu'un ?

Ce n'est pas la même chose d'oublier un amour non partagé que d'oublier un partenaire sentimental avec lequel nous avons passé de nombreux moments. On dit souvent que les hommes mettent moins de temps que les femmes à se remettre d'une rupture, mais ce n'est pas toujours vrai. Chaque personne est unique et, bien qu'il existe des différences de comportement entre les femmes et les hommes, cela ne reflète pas nécessairement leurs véritables sentiments. S'il est vrai que toutes les phases du processus de deuil d'une rupture se ressemblent beaucoup, il n'y a pas de moment précis qui marque la fin du processus. Cela dépend de nombreuses variables telles que, par exemple, le type de relation que vous aviez, si cette personne fait toujours partie de votre cercle d'amis ou travaille avec vous, si la rupture a été un processus traumatique...

Il est difficile de savoir exactement combien de temps il faut pour faire le deuil d'une rupture, mais, en général, surmonter la tristesse après une rupture prend entre quelques mois et un an.

Processus de découverte de soi.

Cette première année est un processus de découverte de soi. Bien que nos illusions aient été brisées et que nous ayons connu des déceptions émotionnelles, nous pouvons apprendre à profiter des moments heureux et à vivre la vie à chaque étape avec les aspects positifs de chaque moment. Nous devons oublier le passé et vivre dans le présent. Ce processus d'oubli est marqué par la tristesse, mais cela ne nous empêche pas de nous réjouir des moments heureux. Tout au long de ce processus de découverte de soi, nous devons relever des défis importants liés à l'amélioration de soi et à l'oubli. La conquête de ces objectifs nous rend plus forts et augmente notre estime de soi. Nous devons également établir de nouvelles habitudes et routines qui nous éloignent de tout ce qui nous rappelle notre ex-partenaire. Ces nouvelles habitudes nous apporteront sécurité et indépendance émotionnelle. Avec le temps, nous pourrons observer la relation avec plus de distance et cette perspective nous fournira une plus grande objectivité. Finalement, nous nous sentirons mieux après la rupture.

Le deuil pathologique.

Il arrive que la tristesse qui suit une rupture ne s'arrête pas avec le passage du temps. S'il est vrai que chaque personne a son propre processus de deuil, si celui-ci va trop loin et nous empêche de mener une vie normale, nous pouvons souffrir d'un deuil pathologique. Ce type de deuil est défini comme un sentiment intense, négatif et durable après une perte. Dans le cas d'un deuil pathologique, nous pouvons avoir recours à des comportements inadaptés qui ne résolvent pas le problème, nous pouvons même développer des addictions pour éviter la douleur et remplir le vide constant que nous ressentons à l'intérieur. Le deuil pathologique limite négativement notre vie quotidienne, empêche notre épanouissement personnel et notre bonheur et ne nous permet pas de surmonter complètement la rupture. Nous devons être capables d'assimiler la perte. Sinon, si nous ne le gérons pas correctement, nous continuerons à porter ce sentiment désagréable sur nous.

Plusieurs facteurs peuvent être à l'origine d'un deuil pathologique, dont les plus influents sont les suivants :

- Une Personnalité peu sûre d'elle-même
- Une Faible résilience
- Une Faible estime de soi
- Peu ou pas de soutien social
- Existence d'autres troubles de la santé mentale

Ce sont tous des facteurs qui jouent un rôle dans l'apparition du deuil et constituent des obstacles à l'adaptation personnelle qui nous empêchent de suivre notre propre chemin. Le deuil est nécessaire, mais il n'est pas sain qu'il devienne pathologique

Comment surmonter un deuil pathologique ?

Assumer le fait que nous vivons sans partenaire est la première étape pour surmonter le deuil pathologique. Cela peut sembler évident, mais nous pouvons nous accrocher à l'idée que cette personne reviendra ou que nous sommes malheureux sans elle. Il est important de se rappeler que nous n'avons pas besoin d'une meilleure moitié pour nous compléter, nous sommes des personnes fortes et indépendantes dans toutes les situations de la vie.

Nous pouvons essayer de surmonter le deuil pathologique par des exercices d'auto-assistance qui renforcent notre estime de soi et nous fournissent des outils pour apprendre à vivre sans dépendance émotionnelle. Apprendre à être autonome est également une bonne thérapie contre le deuil. Ainsi, nous nous rendrons compte que nous n'avons pas vraiment besoin de la personne dont nous pensons avoir besoin pour être heureux.

Comment être fort lors d'une rupture ?

Il est impossible de traverser la pilule amère de la peine d'amour avec joie. Les émotions ont leur propre logique et il est normal de ressentir de la joie face à une bonne nouvelle et de la tristesse face à un événement décevant. Toute rupture, même celle désirée, comporte une part de douleur. Pour faire face à cette douleur, la personne doit passer par le processus de deuil, mais elle doit aussi être forte pour ne pas s'effondrer. Tout d'abord, lors d'une peine d'amour, lorsque tout semble aller mal, il est bon de se rappeler une période difficile que vous avez surmontée avec succès. Si vous avez pu le faire à l'époque, vous pouvez le faire maintenant. En fait, vous êtes maintenant plus fort, plus sage et plus expérimenté pour mieux gérer la situation.

Être fort en cas de rupture ne signifie pas ne pas souffrir, mais de poursuivre son chemin avec confiance et foi en soi et en la vie.

Comment être fort lors d'une rupture :

- Ne vous repliez pas sur vous-même. Après une déception amoureuse, il est tentant de perdre confiance en les autres. Mais se refermer sur soi ne fait qu'aggraver la situation. Pour être fort, entourez-vous de vos amis et de votre famille. La compagnie des gens que vous aimez vous aidera à retrouver une perspective sur la vie en réalisant que vous avez de la chance d'avoir des personnes qui vous soutiennent.
- Ne vous apitoyez pas sur vous-même. Évitez de vous lamenter sur votre sort en considérant la rupture comme une tragédie. Plus vous serez naturel face à ce qui s'est passé et plus vous accepterez les choses telles qu'elles sont, plus vous vous sentirez fort. Continuez votre vie sans perdre de l'énergie à penser que votre ex reviendra. Il a déjà quitté votre vie, alors passez à autre chose.

Comment surmonter la tristesse après une séparation

Comment surmonter la tristesse après une rupture Lorsqu'une relation amoureuse se termine, tout peut sembler s'effondrer. Il peut être difficile de se remettre d'une rupture, que ce soit une brève histoire d'amour ou une relation de plusieurs années. Notre estime de soi peut être affectée et les insécurités peuvent souvent augmenter, surtout si la rupture a été douloureuse. Si nous ne apprenons pas à gérer correctement une rupture, des signes de dépression et d'anxiété peuvent apparaître. Il est donc important de souligner l'importance de se tourner vers l'avenir après une rupture.

Signes de dépression après une rupture Après une rupture, il est important de se remettre du mieux possible afin de poursuivre notre vie et d'éviter de tomber dans un cercle vicieux. Sinon, nous courrons le risque de souffrir de "dépression post-rupture" ou de dépression amoureuse, qui se caractérise par les symptômes et caractéristiques suivantes :

- **Peur :** apprendre à vivre sans la personne que nous considérions comme étant si importante peut nous faire tourner la tête. Il est normal de ressentir une certaine peur et incertitude quant à l'avenir, et cela peut même être considéré comme une phase du processus de surmonter. Cependant, lorsque cette peur dure longtemps et nous empêche d'avancer, il est temps de la traiter avec l'aide d'un professionnel.

- **Charge émotionnelle :** culpabilité. Après une rupture, nous cherchons souvent à trouver des raisons pour expliquer la séparation avec notre partenaire. "Pourquoi notre relation est-elle terminée ?" est une question fréquente. Parfois, nous prenons la pleine responsabilité des événements et nous nous sentons coupables de tout ce qui s'est passé. Lorsque ce fardeau est trop lourd à porter, cela peut entraîner un inconfort psychologique et une diminution de notre estime de soi.

- **Rejet de soi :** Lorsque notre amour-propre est fortement dégradé, nous pouvons finir par nous rejeter et nous détester. Cela peut mener à une spirale incontrôlable de haine de soi et doit être abordé à temps. Il est essentiel de prendre le temps de réfléchir à la réelle responsabilité de nos actions. Certaines peuvent ne pas être de notre faute, mais il est important d'assumer notre part de responsabilité et d'agir pour éviter que cela ne se reproduise dans l'avenir.

- **Colère envers l'ex-partenaire :** Une autre façon de gérer la douleur de la rupture est de concentrer notre colère sur notre ex-partenaire. Cela peut nous aider à nous décharger de toute responsabilité et à protéger notre estime de soi. Cependant, ce n'est pas la meilleure manière de gérer nos émotions. En agissant ainsi, nous ne tirons aucune leçon de nos erreurs et il y a de fortes chances que nous les reproduisions avec d'autres personnes.

Comment se remettre d'une rupture ?

Se remettre d'une rupture n'est pas facile, ni pour les hommes ni pour Surmonter une rupture n'est pas facile pour les deux parties impliquées, que ce soit les hommes ou les femmes. Chaque rupture est unique, mais les clés psychologiques pour surmonter la tristesse et renforcer son estime de soi sont les mêmes.

Tout d'abord, il est important de gérer les émotions qui surgissent après une rupture. Si nous nous sentons dépassés par nos sentiments, nous pouvons avoir l'impression de ne plus avoir le contrôle sur notre vie. Pour y remédier, nous pouvons identifier ces émotions et les nommer avant qu'elles ne prennent le dessus. Par exemple, nous pouvons reconnaître le moment où nous ressentons de la colère et réfléchir à la raison pour laquelle nous ressentons cela, et nous demander si cela vaut la peine de s'accrocher à une émotion aussi désagréable. Cet apprentissage de la gestion des émotions sera bénéfique non seulement pour surmonter cette rupture, mais aussi pour gérer les conflits futurs dans notre vie.

Ensuite, pour renforcer notre estime de soi, nous devons travailler sur notre vision optimiste de la vie. L'estime de soi joue un rôle clé dans notre bien-être émotionnel, en nous aidant à développer notre résilience et à prendre de meilleures décisions. Pour augmenter notre estime de soi, nous pouvons adopter les stratégies suivantes :

- **Pensée positive :** il s'agit de voir les choses sous un autre angle, d'arrêter de se critiquer et de commencer à se valoriser.

- **Acceptation de soi et réaffirmation de nos croyances :** c'est une étape cruciale pour surmonter la tristesse après une rupture. Il est essentiel d'accepter soi-même pour préserver notre santé mentale. Avoir des attentes réalistes en matière d'auto-efficacité, c'est-à-dire croire en ses capacités, augmente les chances de réussite et, par conséquent, notre estime de soi.

- **Affirmations positives** : il est important de faire attention à la façon dont nous nous parlons. Si nous nous critiquons constamment, notre estime de soi ne se renforcera pas. Il est donc important d'utiliser des affirmations positives envers soi-même, telles que "Je peux atteindre cet objectif" ou "Je mérite d'être heureux et aimé".

- **Des objectifs réalistes** : Nous devons établir de petits objectifs, des buts que nous pouvons atteindre à court terme, pour progresser dans notre développement personnel. Réaliser ces objectifs augmentera notre confiance en nous et donc notre estime de soi. Par exemple, nous pourrions sortir prendre un verre avec de nouveaux amis, faire de petites excursions seuls, lire un livre qui nous a toujours intéressé..

Que faire après une rupture ?

Après la crise initiale, il reste encore beaucoup de travail à faire. Dans certains cas, surmonter une rupture signifie commencer une nouvelle vie, loin de notre cercle de connaissances et même loin de notre ancienne résidence. Une séparation peut entraîner plusieurs changements auxquels nous devons être prêts à faire face. Il est important d'être capable de s'en sortir seul et de développer les compétences nécessaires pour mener une vie normale et paisible, indépendamment de toute relation passée.

Prendre du temps sans partenaire peut être une bonne décision pour renforcer notre résilience et notre indépendance. Apprendre à être seul peut nous aider à établir nos propres croyances et à améliorer notre estime de soi.

Comment savoir si vous êtes prêt pour une relation amoureuse ? Après avoir surmonté la rupture, avec le temps, nous pourrions être en mesure de commencer une nouvelle relation. Cependant, nous devons nous demander si nous avons réellement appris à nous aimer et à être émotionnellement indépendants.

Chaque personne suit un processus différent et il n'y a pas de délai fixe pour reprendre une relation. Cependant, nous devrions réfléchir calmement pour savoir si nous sommes prêts pour une nouvelle relation, si le passé ne nous hante plus et si nous sommes prêts à essayer à nouveau.

Se sentir mieux après une rupture

Avez-vous récemment rompu avec votre partenaire ? C'est une situation difficile à gérer, car au cours de la relation, de nombreux liens se sont formés ainsi que des dépendances qui doivent ensuite être rompues pour avancer. Par conséquent, lors d'une rupture, il peut y avoir de nombreuses autres ruptures qui peuvent nous laisser un peu perdus et ne sachant pas quoi faire. Nous voulons vous aider à vous sentir mieux après une rupture en vous donnant quelques bons conseils pour améliorer votre moral, retrouver votre indépendance et savoir que vous pouvez toujours compter sur vous-même.

5 conseils pour se sentir mieux après une rupture.

Il est probable que vous vous sentiez un peu perdu, triste et peu motivé après la fin de votre relation avec votre partenaire. Sachez que cela est NORMAL et ne vous inquiétez pas. Passer par une période de deuil est une chose courante lorsqu'une relation se termine. Mais pour que cette période ne dure pas trop longtemps, voici 5 conseils qui vous aideront à vous sentir mieux après une rupture et vous permettre de reprendre le contrôle de votre vie :

1. **Faire un voyage intérieur :** pour vous remettre d'une rupture, la meilleure chose à faire est de vous découvrir à nouveau et de découvrir qui vous êtes aujourd'hui. Prenez le temps de faire ce que vous aimez, mais ouvrez également votre esprit à de nouveaux loisirs et activités qui pourraient vous intéresser. Il n'est jamais trop tard pour recommencer ou pour continuer à apprendre, alors faites-le !

2. **Sortir de chez vous :** pour vous sentir mieux après une rupture, il est important de ne pas rester confiné chez vous. Nous ne vous demandons pas de vous forcer, mais nous vous encourageons à vous socialiser avec d'autres personnes, à sortir prendre un verre, à rire avec vos amis... Sortir de votre isolement et de votre

tristesse vous aidera à retrouver vos forces et à retrouver le goût de vivre pleinement.

3. **Ne soyez pas obsédé par votre ex :** il est important que vous essayiez d'arrêter de penser à votre ex et à votre relation toute la journée. Il est normal de le faire au début de la rupture, mais par la suite, vous devriez tourner la page et concentrer vos énergies à prendre soin de vous et à être heureux.

4. **Entourez-vous de votre famille et de vos amis :** c'est le bon moment pour vous entourer de ceux qui vous aiment. Non seulement pour vous réconforter, mais aussi pour vous sentir aimé, pour voir que vous n'êtes pas seul et pour vous amuser avec eux. Ne vous fermez pas à tout projet et prenez à cœur de profiter à nouveau de la vie car, pensez-y, l'amour va et vient mais vous serez toujours là.

5. **Faites du sport :** bien que cela puisse sembler idiot, la vérité est que le sport est parfait pour améliorer notre humeur grâce à la libération d'endorphines. Donc, si vous voulez vous sentir mieux après une rupture, c'est peut-être le moment de vous inscrire dans une salle de sport, de courir, de prendre des cours de zumba... vous l'avez dit !

Que faire après une rupture ?

Après avoir pris la décision de se séparer, la prochaine étape consiste à se remettre sur pied et à se concentrer sur soi-même et son avenir. Maintenant que vous n'êtes plus en couple, il est normal que certains projets d'avenir que vous aviez en commun ne se réalisent pas, mais ce n'est pas grave. Il est important de comprendre que vous n'avez pas besoin de quelqu'un pour vivre de la manière qui vous convient, un partenaire est un complément à votre bonheur, pas sa source. Ainsi, réorganisez votre vie et vivez comme vous en avez toujours rêvé. Nous vous donnons ici une liste d'idées pour vous aider à faire face à une rupture et à retrouver votre bonheur et votre enthousiasme pour la vie :

- ✓ **Partez en voyage :** c'est l'un des meilleurs conseils pour vous remettre sur pied, vous détendre et oublier cette personne. Si vous avez toujours eu envie de partir en voyage aux Caraïbes, c'est le moment idéal ! Trouvez un compagnon de voyage ou partez seul, il n'y a rien de plus enrichissant que de découvrir que vous êtes libre de vous déplacer dans le monde.

- ✓ **Faites tout ce que vous ne faisiez pas avec votre partenaire :** il est fréquent que dans un couple, on finisse par abandonner ses passions à cause de l'autre. C'est le moment de retrouver vos centres d'intérêt, vos désirs et de redevenir la personne que vous étiez avant de vous mettre en couple.

- ✓ **Fixez-vous des objectifs à moyen terme :** c'est le moment de s'épanouir, de se concentrer sur soi-même et d'avancer. Pour vous motiver, fixez-vous des objectifs à atteindre dans un court délai. Par exemple, apprenez à peindre, jouez de la guitare, rejoignez un club de randonnée, peu importe !

- ✓ **Réorganisez votre vie :** pour éviter le vide laissé par votre ex-partenaire, nous vous conseillons de changer votre emploi du temps et de remplir vos journées d'activités qui vous apportent de la valeur et vous aident à ne pas vous sentir seul. Les jours que vous réserviez pour être avec votre partenaire, consacrez-les maintenant à des rendez-vous avec vos amis ou votre famille. Au début, essayer de vous occuper pour éviter de ressentir de la douleur et de la

Peut-on être amis après une rupture ?

Après une rupture, il est important de faire des choix. L'un des plus importants est de prendre du recul pour tourner la page. Cependant, beaucoup de gens continuent à s'accrocher en utilisant la phrase "nous pouvons être amis". Pourquoi ne pas croire aux illusions trompeuses de l'amitié qui suivent une déception sentimentale comme une rupture ?

5 raisons de ne pas être ami avec son ex :

1. **Mauvais départ pour l'amitié :** Une amitié saine naît d'une expérience agréable. Deux personnes se connaissent et ont envie de passer du temps ensemble. Cependant, quand une amitié naît après une rupture, ce n'est pas un bon début pour une relation libre et pleine d'espoir telle que l'amitié. À ce stade, l'un ou les deux peuvent souvent ressentir des émotions mitigées, de la déception et de la rancœur. Ce n'est pas un bon point de départ pour une amitié.

2. **Faux espoirs :** Être ami avec son ex après une rupture peut laisser penser qu'on retournera à un moment donné dans la relation précédente. On peut également donner de faux espoirs à l'autre. La distance est importante pour tourner la page et aller de l'avant.

3. **Empêchement d'avancer dans la vie :** Rester ami avec son ex après une rupture peut vous faire vivre dans le passé, dans un scénario familier. Faire son deuil de la rupture est une façon de se concentrer sur le présent. En restant amis après une rupture, vous risquez de prolonger une situation insatisfaisante et triste, de peur d'affronter l'inconnu. Une rupture est une occasion de prendre de nouvelles décisions. Affrontez la situation dans le présent.

4. **Éviter les excuses :** C'est la principale cause de ne pas être ami avec votre ex. Il faut éviter de se justifier et de garder des

illusions telles que "Peut-être qu'il réalisera ce qu'il ressent pour moi", "Je ne peux pas vivre sans lui", "Nous avons beaucoup d'amis en commun". Ces excuses vous empêchent de grandir et peuvent vous laisser dans une situation décevante. Cela ne veut pas dire qu'il soit impossible d'être ami avec son ex, mais il est recommandé de prendre du temps pour soi et pour vivre sa vie après une rupture.

5. **Peur de la solitude :** Après une rupture, certaines personnes peuvent avoir peur d'être seules. Pour éviter cela, il est préférable de ne pas maintenir une relation d'amitié avec son ex uniquement pour combler cette solitude. Au lieu de cela, c'est l'occasion d'améliorer sa relation avec soi-même. Garder une amitié avec son ex pour combler cette peur peut ralentir le processus de deuil nécessaire pour guérir de la déception récente.

En fin de compte, il est possible d'être ami avec son ex, mais il est important de prendre du temps pour guérir, pardonner et accepter la situation. Il est possible de reconstruire une amitié en se voir peu à peu, en établissant des liens d'amitié sans les attentes d'une relation romantique. Si tous deux sont clairs sur le fait qu'ils ne veulent pas se remettre ensemble, ils peuvent essayer d'être amis après un certain temps d'éloignement pour briser les habitudes et éliminer les attaches.

Que faire après une rupture de couple :

Il est important de ne pas laisser la tristesse vous affecter au point de négliger votre bien-être. Il est crucial de prendre soin de soi en ayant une alimentation équilibrée, en faisant de l'exercice, en satisfaisant les besoins de base tels que l'hygiène personnelle et en s'habillant convenablement selon ses goûts. L'estime de soi ne dépend pas de l'apparence ou des vêtements, mais s'habiller et se sentir bien peut aider à améliorer son bien-être intérieur.

Partie III : Se Reconstruire

Comment tourner la page sur une relation ?

Lorsqu'une relation se termine, nous voulons souvent tourner la page rapidement, faire disparaître la douleur et retrouver notre équilibre émotionnel. Cependant, cette période peut être difficile, car nos pensées et nos émotions sont bouleversées et ce que nous pensions être éternel s'est terminé. Pour vous aider à surmonter cette épreuve, voici quelques conseils pour tourner la page après une rupture :

Ne vous mettez pas la pression :
Il est courant que, lorsque nous sommes plongés dans la période qui suit une rupture, nous voulions être bien et retrouver notre équilibre avec les nouvelles circonstances. Bien souvent, ce désir hâtif de retrouver notre équilibre entraîne une pression qui ne nous permet pas de traiter notre chagrin. Il est donc important de ne pas se mettre la pression et d'accepter la douleur que la perte ou la rupture entraîne et de ne pas vouloir être bien avant l'heure, c'est-à-dire de se permettre d'avoir des jours gris et de ne pas prétendre que tout va bien.

Recherche de nouveaux passe-temps :
toute adversité peut être une opportunité, une rupture peut être un bon moment pour commencer quelque chose que vous avez voulu faire depuis longtemps, mais n'avez jamais trouvé le temps, ce cours de peinture ou de céramique, ces cours de yoga ou de cuisine, etc. Investissez du temps en vous et en cultivant vos hobbies, ces moments vous permettront de vous évader et de vous concentrer sur vous.

Lire des livres de développement personnel :
Lire des livres de développement personnel est une façon de s'échapper et d'apprendre en même temps. Ces livres contiennent des stratégies et des outils pour vous aider à mieux gérer vos émotions, à tirer des leçons de vos pertes et à transformer une expérience douloureuse en un moment d'apprentissage et d'opportunité. Ils peuvent également vous aider à restaurer votre

estime de soi et votre confiance en vous, qui sont souvent affectées après une rupture.

Soutenez-vous dans votre environnement.

Il est important, à ce moment-là, de chercher un soutien dans votre entourage et de trouver des moments pour vous y réfugier, afin de pouvoir exprimer ce que vous ressentez et les incertitudes que la rupture avec votre partenaire peut entraîner. Ne pas attendre que votre entourage vous aborde, car chacun mène ses propres combats. Si vous avez besoin de parler à quelqu'un de votre entourage, n'hésitez pas à écrire ou à appeler et à demander du soutien.

Utiliser des techniques narratives

Que faire après une rupture ? La technique narrative est une méthode largement utilisée dans les processus de deuil, tels qu'une rupture avec quelqu'un. Il s'agit d'écrire une lettre à l'autre personne pour lui dire au revoir, en lui exprimant votre gratitude pour tout ce qu'elle a apporté à votre vie et pour ce qui vous reste, tout en laissant la place à un nouveau départ. Cette tâche peut être répétée plusieurs fois, afin que la personne puisse exprimer ce qu'elle ressent. Il ne s'agit pas d'une lettre à donner, mais d'exprimer vos émotions et vos pensées. Dans ce chapitre, vous découvrirez d'autres techniques pour aller de l'avant après une rupture.

Cherchez une aide professionnelle :

Si vous n'arrivez pas à surmonter une rupture, la meilleure solution pour vous aider à passer à autre chose est de consulter un psychologue. Aller voir un professionnel ne signifie pas qu'il s'agit d'une situation très grave ou que vous ne pouvez pas y arriver seul, parfois c'est une figure qui vous aide à voir les choses sous un autre angle, quelqu'un de complètement nouveau dans votre vie qui ne vous jugera pas ou ne donnera pas son opinion sur des faits, comme le font parfois les gens autour de vous, mais qui vous aidera à prendre une autre perspective sur votre vie qui favorise votre développement personnel. Il ou elle vous aidera à travailler sur votre estime de soi et votre autonomie émotionnelle, ce qui est très important pour apprendre à être seul après une relation.

Ne vous lancez pas dans une autre relation :
Le mythe de l'ongle qui arrache un autre ongle peut être vrai tant que cet ongle est soi-même. Pour surmonter une relation, nous devons d'abord reconstruire notre estime de soi, mais il est important de ne pas chercher quelqu'un d'autre pour le faire à notre place, sinon nous serons toujours dépendants des autres pour notre estime de soi.

Il est vrai qu'une partie de notre estime de soi dépend de nos relations, qu'elles soient amicales, familiales ou amoureuses, mais il est important de cultiver notre estime de soi pour nous-mêmes et de ne pas la faire dépendre des autres en permanence. Se jeter dans une autre relation alors que la précédente vient de se terminer est une manière de vouloir se recomposer sans avoir fait le deuil et appris à être avec soi-même. Cela conduit aux relations de rebond ou de liane typiques qui ne fonctionnent généralement pas.

Ne soyez pas un espion :
Ne soyez pas un espion : les réseaux sociaux sont un outil formidable, mais il faut savoir les utiliser. Ne vous obsédez pas à analyser et à chercher en permanence ce que fait votre ex-partenaire, cela ne fera qu'accroître votre anxiété et votre obsession. Comment tourner la page d'une relation ? Concentrez-vous sur votre rétablissement, sur le temps que vous consacrez à vous-même, et non sur la recherche de ce que votre ex-partenaire fait ou ne fait pas.

Soyez patient et respectez votre rythme :
Soyez patient et respectez votre rythme. Aucun mal ne dure cent ans. Rappelez-vous que dans cette vie, tout arrive pour une raison et que tout est temporaire. Ce n'est peut-être pas la première fois que vous avez le cœur brisé ou la première fois que vous êtes blessé, mais rappelez-vous que vous avez déjà traversé des moments difficiles et que vous vous en êtes remis. Répétez-le chaque jour comme un

mantra : aucun mal ne dure cent ans. C'est une saison et de chaque tempête naît une fleur.

Après une rupture, il peut y avoir des doutes, des insécurités et même de la culpabilité. Il est important de comprendre et de surmonter la culpabilité liée au fait de quitter une relation.

Comment surmonter un amour non partagé.

Il y a des moments où la meilleure chose à faire est de mettre fin à ses sentiments amoureux. Cela peut se produire dans une relation malsaine, lorsque vous essayez depuis longtemps d'oublier un ex, ou lorsque vous êtes confronté à un amour platonique. De même, l'amour non partagé peut causer beaucoup de douleur, affectant non seulement votre esprit qui supporte la pression, mais aussi votre corps, car les émotions négatives peuvent laisser des traces. Une peine d'amour peut être épuisante, vous enlever votre énergie et provoquer de l'anxiété. Loin des idéaux romantiques, prendre conscience de la fin de vos sentiments peut parfois être la meilleure solution. En d'autres termes, mettre fin à votre affection pour une autre personne peut être le premier pas pour découvrir qui vous êtes vraiment. Nous vous donnerons ici quelques conseils pour surmonter cette situation et apprendre à mettre fin à vos sentiments amoureux.

Les conseils pour ne plus être amoureux :

Si vous souhaitez vous libérer de ces sentiments amoureux, il est important de mettre en place un certain nombre de changements pour surmonter cette période. Gardez à l'esprit que votre vie est entre vos mains et que vous êtes capable de retrouver votre équilibre et de tourner une nouvelle page. Voici quelques conseils pour vous aider à ne plus ressentir ces émotions et à retrouver une vie sans douleur ni souffrance.

1. **Cultiver la pensée positive :** Évitez les pensées négatives qui peuvent être autodestructrices. Évitez de penser que vous ne rencontrerez jamais quelqu'un de spécial ou de vous considérer comme une victime. Essayez de voir les choses telles qu'elles sont et de mettre fin aux pensées négatives. Plus vous vous abstiendrez de juger vos expériences, mieux vous vous sentirez. C'est notre perception de la réalité qui peut nous rendre malheureux, pas la réalité elle-même.

2. **Priorisez votre propre bien-être :** Pour arrêter d'être amoureux, il est important de prendre la décision personnelle de ne plus souffrir et de profiter de la vie. Il est temps de se concentrer sur soi-même et de travailler jour après jour pour faire de cette personne une part moins importante de vos pensées.

3. **Accepter la situation et passer à autre chose :** Évitez d'utiliser la jalousie ou l'indifférence comme stratégies pour reconquérir cette personne. Fermez ce chapitre de votre vie et passez à autre chose. Oubliez l'idée d'une "reconquête" car, comme on dit, "les secondes chances ne sont jamais bonnes". N'accrochez pas à l'espoir d'un avenir avec cette personne si cela vous fait souffrir. C'est fini et vous méritez mieux que ça. La vie n'est pas faite pour souffrir.

4. **Bannissez les idées romantiques et fausses de l'amour :** Abandonnez les idéaux romantiques et erronés sur l'amour. Ne vous infligez pas de souffrance : il n'est ni votre moitié, ni le grand amour de votre vie. Vous rencontrerez de nombreuses "personnes complémentaires" sur votre chemin. Dé-idéalisez cette personne et considérez-la telle qu'elle est vraiment : une personne pour laquelle vous avez ressenti quelque chose de très fort et que, pour une raison ou une autre, vous ne voulez plus aimer. Si vous êtes arrivé jusqu'ici, c'est que vous avez pris une décision courageuse et que la situation était déjà insupportable pour vous. Alors, sortez les films de contes de fées de votre esprit et préparez-vous à retrouver le contrôle de votre vie. Vous le méritez.

Oui, il est possible d'arrêter d'aimer votre ex !

Vous vous êtes probablement demandé s'il est possible de mettre fin à l'amour pour quelqu'un que vous aimiez profondément. La vérité est que OUI, vous le pouvez. Cependant, cela peut être douloureux, surtout au début, mais si vous posez cette question, c'est parce que la chose la plus saine pour vous est de tourner la page et d'oublier définitivement la personne qui vous fait souffrir.

Mais comment arrêter d'être amoureux ? Cela nécessite de la détermination, de la volonté et de la confiance en soi. Il est crucial d'être ferme dans votre décision et surtout d'être toujours très clair sur les raisons qui vous poussent à prendre cette décision. Ainsi, si un jour vous vous sentez plus vulnérable, vous n'aurez qu'à vous rappeler les raisons et vous sentirez probablement de la force.

- ✓ **Rédigez une liste et accrochez-la au miroir :** Au début, nous vous suggérons d'écrire une liste des raisons pour lesquelles vous voulez oublier cette personne. Écrivez-le maintenant, avec un esprit clair et avec la détermination que c'est la décision la plus saine pour vous. Accrochez-le au miroir ou au réfrigérateur, dans un endroit où vous le verrez toujours, pour rester conscient de ce que vous ressentez et pour ne pas fléchir.

- ✓ **Entourez-vous de vos amis :** Même si vous êtes triste, il est important de ne pas vous enfermer chez vous et de maintenir le contact avec vos amis. Sinon, vous accumulerez les deux grandes souffrances, à savoir la peine d'amour et l'isolement.

- ✓ **Éliminez sa trace de votre vie :** Une technique très efficace pour oublier une personne consiste à "l'effacer" de votre vie, c'est-à-dire à supprimer toutes les photos que vous avez chez vous (il n'est pas nécessaire de les jeter, il suffit de les enregistrer pour ne plus les voir), à supprimer ses messages de votre téléphone portable, ses courriels, etc. Il est important de "effacer la planche", pour pouvoir recommencer.

- ✓ **Consacrez du temps à vos hobbies et à vos centres d'intérêt :** pour surmonter votre amour pour quelqu'un, il est important de devenir le centre de votre vie. Nous vous conseillons donc de consacrer du temps à ce que vous aimez et de vous inscrire pour apprendre de nouvelles choses. Ouvrez-vous au monde et laissez la vie vous surprendre. Vous apprécierez ce qui vous attend.

✓ **L'amitié peut venir plus tard :** il est important de passer par une phase de deuil si vous voulez oublier une personne. Vous devez vous séparer, apprendre à vivre sans l'autre et vous compléter autant que possible. Avec le temps, vous pourrez peut-être vous retrouver pour prendre un café et, qui sait, réinventer votre relation en essayant d'être amis, mais lentement.

Oublier le passé et vivre le présent

Notre vie est remplie d'expériences et de situations accumulées au fil des années. Ces expériences peuvent être des apprentissages précieux ou des souvenirs agréables, mais elles peuvent aussi faire partie d'un passé douloureux. Ce passé peut être le souvenir d'une épreuve, d'une blessure ou d'une erreur pour laquelle nous ne nous sommes pas pardonné. Même si nous devons accepter nos événements passés, il n'est pas conseillé de s'y attarder. Pour avancer dans la vie, être heureux et laisser les mauvais souvenirs derrière soi, il est crucial d'oublier le passé et de vivre dans le moment présent.

Le présent est rempli d'opportunités que nous ne pouvons pas laisser passer en raison de notre ancrage dans un passé douloureux. Si vous souhaitez trouver les meilleurs moyens de laisser le passé derrière vous, nous vous conseillons de poursuivre votre lecture.

Peut-on oublier le passé ?

Il peut sembler que de nombreux souvenirs nous hanteront tout au long de notre vie, que nous ne pourrons pas nous en débarrasser et qu'ils seront un fardeau permanent. Nous ne pouvons pas oublier complètement le passé, mais nous pouvons empêcher ces souvenirs de continuer à affecter notre vie quotidienne. Combattre pour ne plus être tourmenté par ces souvenirs n'est pas facile. Pour aller de l'avant et cesser de penser au passé douloureux, nous devons le surmonter. Pour cela, nous devons faire un exercice consistant à accepter les expériences sans les juger. De plus, nous devons apprendre à pardonner à ceux qui nous ont fait du mal et à ne plus être amer.

Nous pouvons également exprimer nos sentiments à une personne de confiance qui peut nous offrir un nouveau point de vue sur la situation et nous aider à prendre une meilleure perspective.

Comment oublier le passé et être heureux ?

Pour oublier le passé et vivre dans le présent, il est nécessaire de suivre certaines étapes et d'apprendre de nouvelles stratégies d'adaptation :

- ✓ **Garder en mémoire :** Refouler les événements du passé n'est pas une bonne stratégie. En agissant ainsi, nous bloquons les émotions associées aux souvenirs et si nous ne les gérons pas correctement, ces mauvaises émotions resteront enfouies dans notre inconscient. La première étape pour surmonter le passé est, paradoxalement, de se souvenir de lui.

- ✓ **Il est important de ne pas juger ce qui s'est produit.** Qualifier un souvenir de "mauvais" nous pousse à le déformer et à le considérer encore plus négatif qu'il ne l'était réellement. Pour le laisser derrière nous, nous devons le retenir, l'apprécier et ne pas le juger.

- ✓ **Pardonner à soi-même et aux personnes impliquées dans les souvenirs négatifs :** Une fois que nous avons examiné calmement le passé et que nous constatons qu'il ne nous empêche plus de dormir, nous devons faire l'exercice du pardon. Cela consiste à abandonner la haine pour ce qui s'est passé, à ne plus se sentir responsable ou, au contraire, à ne plus accuser les autres de ce souvenir. Si nous voulons être heureux, la culpabilité est un fardeau inutile.

- ✓ **Une fois le passé derrière nous,** il est temps de passer à autre chose. Se concentrer sur notre développement personnel et sur les soins à apporter à nos proches est une étape cruciale pour commencer à vivre dans le présent.

- ✓ **Profiter des bonnes expériences :** Une fois que nous avons appris à vivre dans le moment présent, il est facile de se concentrer sur les émotions positives. Cet exercice nous aidera à développer une attitude positive et à avoir des stratégies plus efficaces pour faire face aux défis de la vie.

Apprendre à appliquer ces stratégies au quotidien est un pas important vers le bonheur. Laisser le passé derrière soi nécessite de la maturité, une capacité d'adaptation et des stratégies de résilience.

Oublier le passé douloureux.

Le passé peut être un poids dans nos vies, une expérience que nous ne voulons pas revivre mais qui continue à hanter nos souvenirs. Plus le passé est douloureux, plus il est difficile de faire face à ses conséquences. Ces expériences peuvent laisser une profonde cicatrice, affectant notre humeur et notre relation avec les autres. Si les souvenirs nous hantent sans répit et que nous ne trouvons pas de moyen de les laisser derrière nous, il peut être bénéfique de consulter un psychologue spécialisé pour obtenir des outils et des stratégies d'adaptation.

Il est important de souligner que chaque personne a son propre processus de guérison personnel, chacun apprend à tourner la page à son propre rythme et de sa propre manière. Il n'y a pas non plus de honte à ne pas être capable d'oublier un passé douloureux s'il n'engendre pas de traumatisme majeur dans notre vie quotidienne. Nous devons nous donner le temps de développer des stratégies d'adaptation à notre propre pace.

Vivre dans le moment présent : Une fois que nous avons réussi à tourner la page sur le passé, il est temps d'apprendre à vivre dans le moment présent. En laissant derrière nous les souvenirs douloureux, nous pouvons nous concentrer sur ce qui est important ici et maintenant. Nous pouvons nous fixer de petits objectifs à court terme pour voir comment nous sommes capables de les atteindre, ce nouveau style de vie peut conduire à une plus grande confiance en soi et à l'acquisition de stratégies de résilience.

L'avenir est incertain et le passé est quelque chose que nous ne pouvons pas changer. En acceptant ces réalités, nous pouvons vivre notre vie en conséquence, en nous concentrant sur le moment présent, en profitant des opportunités que la vie nous offre et en surmontant les défis qui se posent à nous. Tout ne sera pas facile, mais nous pouvons toujours tirer des leçons de nos expériences passées.

10 citations pour laisser le passé derrière soi et trouver le bonheur :

1.	En libérant les autres, c'est-à-dire en lâchant prise, nous retrouvons notre liberté. - Aleksandra Ninkovic
2.	Tout arrive pour une raison. - Bob Marley
3.	Gardez ce que vous avez, oubliez ce qui vous fait souffrir, combattez pour ce que vous voulez, appréciez ce que vous avez, pardonnez à ceux qui vous blessent et appréciez ceux qui vous aiment. - Bob Marley
4.	Il n'y a aucun intérêt à ressasser le passé qui n'est plus. - Frédéric Chopin
5.	L'art de vivre consiste à savoir quand s'accrocher et quand lâcher prise. - Havelock Ellis
6.	Rien n'est perdu si vous avez le courage de dire que tout est perdu et que vous devez recommencer. - Julio Cortázar
7.	La douleur vous quittera si vous vous laissez aller. - Jeremy Aldana
8.	Il est important de rêver, à condition de croire en ses rêves. Il faut évaluer la vie réelle, confronter nos observations à nos rêves et réaliser scrupuleusement notre imagination. - Lénine
9.	J'ai réalisé que les arbres en hiver ont quelque chose d'incroyablement honnête, qu'ils sont des experts dans l'art de lâcher prise. - Jeffrey McDaniel
10.	Quand je lâche ce que je suis, je deviens ce que je peux être. Quand je laisse aller ce que j'ai, j'obtiens ce dont j'ai besoin. - Lao Tseu

Comment apprendre à être seul après une relation ?

Comment apprendre à être seul après une relation amoureuse ? Nous avons été conditionnés à croire que nous ne pouvons pas être heureux sans un partenaire à nos côtés. Nous cherchons constamment cette personne parfaite pour remplir notre vie de bonheur. Cependant, il peut arriver que cette relation se termine et nous nous retrouvons seuls, ne sachant pas comment gérer cette situation. Pour vous aider à apprendre à être seul après une rupture, nous voulons vous expliquer les raisons pour lesquelles cela peut être difficile et vous donner quelques conseils.

Il est difficile d'être seul après une relation amoureuse car nous avons été conditionnés à vivre en couple dès notre plus jeune âge. Nous avons vu des exemples partout autour de nous, chez nous, dans les médias, les films, les séries, les publicités, etc. En outre, être seul est souvent stigmatisé et considéré comme quelque chose de négatif. De plus, lorsque nous sommes en couple, nous bénéficions de nombreux avantages sociaux, tels que davantage de confiance et d'acceptation sociale, ce qui peut rendre difficile la vie en tant que célibataire.

Lorsque nous sommes en couple, nous nous sentons aimés et en sécurité grâce à notre partenaire. Nous partageons nos intérêts, nos peurs, nos inquiétudes, etc. Nous avons quelqu'un qui nous comprend et nous fait sentir moins seuls. Cependant, en vivant de plus en plus avec notre partenaire, il peut être facile d'oublier notre identité individuelle et de ne plus savoir comment vivre sans lui ou elle.

Il est donc normal d'avoir peur d'être seul après une rupture. Cependant, il est important d'apprendre à se passer d'un partenaire pour ne pas dépendre de lui ou elle. Voici quelques conseils pour vous aider à faire face à la solitude après une rupture : apprenez à vous connaître, à vous aimer et à ne dépendre de personne. Prenez du temps pour vous, pour vous détendre et vous reconnecter avec vous-même. Essayez de nouvelles activités, rencontrez de nouvelles personnes et découvrez de nouvelles passions. Enfin, ne vous pressez pas pour entamer une nouvelle relation, prenez le temps de guérir et de vous reconstruire en tant qu'individu.

Comment apprendre à être seul ?

Comment faire face à la solitude après une rupture ? La solitude est un sentiment subjectif. Nous pouvons être entourés de gens et pourtant nous sentir déconnectés de tout et de tous. Cependant, il est possible d'apprendre à être seul sans se sentir seul. Comment apprendre à être seul avec soi-même ?

- ✓ **La solitude positive :** Pour y parvenir, nous devons d'abord abandonner l'idée que la solitude est une mauvaise chose. Tout le monde a besoin d'être seul de temps en temps. En fait, c'est même bénéfique, car cela nous permet de nous détendre, de nous reconnecter avec nous-mêmes et de faire une pause par rapport aux autres. Il y a donc des côtés positifs à la solitude, et reconnaître cela est un autre pas pour apprendre à être avec soi-même. Pour vous aider à voir les choses sous un autre angle, sachez que vous pouvez faire ce que vous voulez sans avoir à vous justifier, votre temps est moins sollicité, etc.

- ✓ **L'estime de soi** : Un autre élément clé pour ce processus de réapprentissage est l'estime de soi. Améliorer votre estime de soi vous aidera non seulement à surmonter plus facilement la rupture, mais aussi à être plus indépendante et à faire confiance à votre propre jugement, deux éléments clés pour être la maîtresse de votre vie.

Exercices pour apprendre à être seul :

Comment apprendre à se débrouiller seul après une relation ? Il est important de prendre en compte tout ce qui a été dit précédemment, mais il est également nécessaire de mettre en pratique nos efforts pour atteindre cet objectif à travers des exercices. Voici donc quelques idées :

- ☑ **La redécouverte de soi :** c'est-à-dire retrouver nos passions et nos hobbies, ou explorer de nouvelles possibilités pour découvrir ce que nous aimons faire.

- ☑ **La méditation :** de nombreuses personnes trouvent la méditation, la pleine conscience, etc. très utiles, car ce genre d'exercice nous oblige à nous concentrer sur nous-mêmes et à déconnecter du monde extérieur, ce qui est essentiel pour apprendre à être seul.

- ☑ **L'écriture :** sur nos sentiments, nos projets d'avenir, sur ce que nous voulons, pour organiser nos idées, nous exprimer et nous défouler.

- ☑ **Faire du Sport.** Non seulement c'est bon pour notre santé et pour prévenir plus de maladies que vous ne pouvez l'imaginer, mais nous libérons également des endorphines, de la sérotonine et de la dopamine qui nous font nous sentir plus heureux et plus satisfaits de nous-mêmes.

Comment apprendre à aimer ?

Le plus surprenant dans ce titre peut être la notion d'apprendre à aimer, mais peut-on réellement apprendre à aimer quelqu'un ? L'amour n'est-il pas plutôt un sentiment qui surgit naturellement ? L'amour est un concept abstrait, idéaliste, utopique... C'est un sentiment ressenti de manière personnelle par chacun. Cependant, aimer en tant que verbe est une action. Une action d'une telle importance qui peut changer notre vie ainsi que celle des autres. C'est pourquoi nous allons aborder comment apprendre à aimer dans ce chapitre.

Comment apprendre à aimer de manière saine ?

Apprendre à aimer signifie comprendre le verbe aimer qui découle de l'idée d'amour, qui est elle-même difficile à définir. Aimer implique la pensée, les sentiments et les actions. Cela se manifeste par de petits comportements tels que penser à la personne, s'inquiéter pour elle, prendre soin d'elle, la chouchouter, etc. Et comme tout comportement allant au-delà de la simple survie, cela peut être appris. Nous apprenons à aimer dès notre plus jeune âge, en nous basant sur notre famille ainsi que sur des médias tels que les films, dessins animés, histoires, séries, etc. Ils nous montrent comment aimer à travers les types de relations qu'ils présentent, la manière dont les personnages interagissent, se traitent, se parlent, réagissent, etc. Ils contribuent également à nos valeurs et croyances ainsi qu'à la compréhension de l'amour. Certaines de ces croyances peuvent nous aider à développer des relations saines et d'autres peuvent nous empêcher de le faire, c'est pourquoi il est important d'avoir des modèles positifs et d'apprendre à aimer de manière saine (sur lequel nous reviendrons plus tard).

Comment apprendre à aimer sans attachement ?

L'attachement fait partie intégrante de l'amour, il est donc impossible d'apprendre à aimer sans attachement. Aimer une personne découle d'un lien préalable établi avec cette personne. Ce lien est l'attachement et il en existe différents types.

Le type d'attachement est très important car il détermine la façon dont nous aimons. Mary Ainsworth, une célèbre psychologue canadienne connue pour sa contribution à la théorie de l'attachement, a soutenu que l'attachement est défini par la relation avec les parents et qu'il conditionne ensuite les types de relations que nous établissons. Elle a distingué quatre types d'attachement :

- ☑ Attachement sécurisé
- ☑ Attachement évitant
- ☑ Attachement ambivalent
- ☑ Attachement désorganisé.

Le premier type, l'attachement sécurisant, nous permet d'établir des relations saines, alors que les autres nous conduisent à établir des relations dysfonctionnelles. En détectant les comportements nocifs dans nos relations, nous pouvons les éviter et essayer de mieux aimer.

Comment apprendre à s'aimer soi-même ?

La première étape pour aimer les autres est de s'aimer soi-même, d'apprendre à aimer son corps et son esprit. Si nous ne nous aimons pas suffisamment, nous ne serons pas en mesure d'aimer les autres de manière saine, mais nous établirons des schémas de dépendance ou d'autres comportements nocifs. Pour s'aimer soi-même, il est essentiel d'apprendre à aimer la solitude, de se sentir bien et en paix avec soi-même, de s'aimer physiquement et telles que nous sommes, de savoir être seul sans s'ennuyer, etc. Comment y parvenir ? Vous pouvez suivre les conseils suivants :

- ☑ Travailler sur votre estime de vous-même en suivant les conseils que nous avons expliqués précédemment.
- ☑ Trouver les parties de votre corps que vous aimez et les mettre en valeur.
- ☑ Faire de l'exercice physique pour améliorer votre bien-être émotionnel, votre santé et votre physique.

- ☑ Dormir suffisamment. Un bon sommeil aide également à réguler votre état émotionnel.
- ☑ Trouver les aspects positifs de vous-même, de votre personnalité, de votre façon de faire et de penser, etc. et les mettre en valeur.
- ☑ Modifier les aspects que vous n'aimez pas ou qui vous font souffrir. Si nécessaire, demandez l'aide d'un professionnel.
- ☑ Nourrir votre esprit. Lisez, explorez, regardez des documentaires, faites des expériences, renseignez-vous sur ce qui vous intéresse, etc..
- ☑ Faites ce que vous aimez. Consacrez du temps à vos activités préférées et découvrez-en de nouvelles.
- ☑ Prenez du plaisir. Traitez-vous bien, faites quelque chose pour vous ou même demandez à d'autres de le faire pour vous.
- ☑ Ne soyez pas trop exigeant envers vous-même. La perfection n'existe pas, et il est important de se rappeler cela lorsque nous nous mettons trop de pression et que nous ne pouvons plus profiter de la vie.
- ☑ Exprimez-vous. Tous les jours ne sont pas bons et nous ne pouvons pas toujours être de bonne humeur, donnez-vous la permission d'être grincheux et de prendre du temps pour vous.

Comment apprendre à aimer correctement ?

Pour aimer correctement, en plus de s'aimer soi-même, il est important d'avoir reçu de l'amour, d'avoir vécu des relations saines et sécurisantes. Pour bien aimer, il est nécessaire de :

- ☑ **Se débarrasser des idéaux romantiques**. Le modèle romantique du partenaire parfait nous est inculqué dès notre plus jeune âge, mais en réalité il est rempli de croyances néfastes qui doivent être éliminées (voici quelques-unes d'entre elles, mais il y en a beaucoup d'autres) : il n'y a pas de moitié d'orange, personne ne peut nous compléter, car nous sommes déjà des êtres complets et les autres personnes peuvent renforcer notre amour ou le recevoir, nous n'avons pas besoin de l'autre pour être heureux, notre bonheur ne dépend pas de qui que ce soit, la jalousie n'est pas un signe d'amour, mais un signe de possessivité et d'insécurité, l'amour ne peut pas tout résoudre, ni être une excuse pour tolérer des comportements intolérables ou des souffrances inutiles, le mythe de l'exclusivité (aimer une personne ne signifie pas que l'on ne peut pas aimer les autres ou être attiré par eux).

- ☑ **Se connaître soi-même**. Il est important de se connaître, tout comme il est important de s'aimer, de savoir ce que l'on veut, ce que l'on aime et ce que l'on n'aime pas, comment l'on réagit, comment l'on pense, comment l'on se sent, etc. pour pouvoir l'exprimer et permettre aux autres de mieux nous connaître.

- ☑ **Être fidèle à soi-même.** Il existe de nombreux types de relations et le fait d'en avoir une ou une autre ne signifie pas que l'on aime plus ou moins, ou mieux ou moins bien. Il est important de se connaître, de savoir quelles sont nos limites et de choisir la relation dans laquelle on se sent le plus à l'aise.

- ☑ **Apprendre à connaître l'autre personne.** Il est important de s'intéresser réellement à l'autre et d'apprendre à les connaître, à apprendre avec eux et grâce à eux.

- ☑ **Fixez des limites.** Définissez des limites. Les limites sont cruciales dans toute relation, afin de protéger votre vie personnelle et d'éviter les dynamiques de dépendance ou d'intimidation, ainsi que pour maintenir une relation saine.

- ☑ **Respectez les autres.** Respectez leurs limites, leurs souhaits, leurs sentiments, leur liberté, traitez-les bien et respectez-les en tant qu'individus.

- ☑ **L'amour ne signifie pas la possession.** Personne n'appartient à personne et personne ne vous appartient. Nous devrions tous être des personnes libres qui choisissent librement d'être ensemble.

- ☑ **Aimer n'est pas dépendre.** Et si vous trouvez des signes de dépendance affective, il est important de commencer par revenir au point où vous vous aimez vous-même. Pour être capable de bien aimer, outre le fait de s'aimer soi-même, il est également important d'avoir été bien aimé, d'avoir eu un attachement sécurisant et des exemples de relations saines. Pour bien aimer, il est nécessaire de commencer par revenir au point de vous aimer.

Comment distinguer l'amour sain des sentiments malsains?

Comment différencier l'amour sain des sentiments négatifs ?
L'amour est un mot souvent utilisé de manière excessive, ce qui peut entraîner une confusion entre un amour sain et un sentiment négatif. Comment mettre fin à une relation négative pour permettre l'épanouissement d'une relation saine ? Tout d'abord, il est important de comprendre la différence entre l'amour sain et les sentiments négatifs et à partir de là, de travailler sur soi-même ou sur la relation pour améliorer la situation.

La différence entre l'amour sain et l'amour négatif :

L'amour sain est un sentiment de satisfaction et de croissance que l'on éprouve en étant avec une personne qui nous apprécie tels que nous sommes, nous renforce et ne veut pas nous changer. De plus, cette personne nous accorde de la liberté, nous aide à nous développer dans tous les aspects de notre vie, nous permet de maintenir d'autres amitiés et de participer à d'autres cercles sociaux.

L'amour négatif, quant à lui, est un amour obsessionnel basé sur des conflits plutôt que sur des moments heureux. Il est souvent associé à l'idée erronée que l'amour implique une appartenance exclusive. Dans ce cas, la jalousie est considérée comme normale car on croit qu'on ne peut aimer sans être jaloux. Cependant, ceci est un mythe qui encourage des idées négatives sur les relations affectives. L'amour n'implique pas l'appartenance car personne ne peut être possédé. Il y a donc la liberté individuelle de mettre fin à une relation qui ne nous apporte pas de satisfaction.

Lorsqu'on est dans une relation amoureuse négative, notre vie devient plus compliquée. On peut avoir des soucis au travail, une qualité de vie réduite, des conflits avec notre famille, etc. Par contre, lorsque l'on est dans une relation amoureuse saine, notre vie coule de manière plus naturelle. On est moins sujet à des changements d'humeur et les émotions sont moins intenses. Cependant, le bonheur peut aussi être trouvé dans les choses simples.

Signes que l'amour est réciproque :

Lorsque nous sommes attirés par une personne, il est normal d'avoir des doutes et de ne pas se sentir en sécurité pour montrer ses sentiments de peur d'être rejeté. Cependant, lorsqu'il existe une forte chimie émotionnelle entre deux personnes, il est important de la détecter pour pouvoir agir en conséquence. Voici quelques signes qui montrent que l'amour est réciproque :

- ☑ Il est inévitable de parler presque tous les jours.
- ☑ Nous partageons de nombreux centres d'intérêt et goûts, ce qui mène à de longues conversations.
- ☑ La complicité et la connexion sont si évidentes que même notre cercle d'amis le remarque.
- ☑ Nous cherchons toujours le contact visuel et même les caresses et les câlins.
- ☑ Nous planifions des activités ensemble, comme préparer un café ou sortir boire une bière.

Si la connexion est si évidente, il est possible de prendre le risque d'exprimer nos sentiments à l'autre personne. Il ne faut pas rater l'occasion de vivre une relation d'amour réciproque par peur d'être rejeté. Une relation d'amour et d'affection est basée sur l'égalité, même dans les disputes et les conflits. La correspondance est essentielle pour considérer un sentiment comme un amour sincère.

Il existe de nombreux types de couples et de relations amoureuses, donc si vous vous demandez ce qu'est l'amour en couple, sachez que les réponses peuvent varier.

Que nous apporte l'amour véritable ?

Comme nous l'avons mentionné précédemment, l'amour réciproque est la façon la plus saine de ressentir ce sentiment. Les bénéfices psychologiques sont nombreux : l'estime de soi augmente, on se sent plus heureux, on a plus de soutien pour grandir personnellement, on apprend à vivre avec une autre personne en tête... Certaines études affirment que la vie en couple apporte le bonheur. Cependant, il est important d'avoir un amour de qualité et un partenaire avec des fondations solides, ce qui n'est pas toujours facile à réaliser.

L'amour réciproque ne se définit pas uniquement dans les relations amoureuses, il peut aussi se manifester dans les liens familiaux (par exemple, l'attachement) et dans les relations amicales. Il n'y a aucun doute que l'amour sain est un pilier très important dans notre vie et dans les relations avec les personnes qui nous entourent.

Qu'est-ce que l'amour platonique ?

Ce concept est très répandu dans la culture populaire. Aujourd'hui, nous le définissons comme un coup de foudre que nous pensons ne jamais être réciproque. Souvent, il s'agit d'un amour idéalisé sans (ou peu) d'intérêt sexuel. L'amour platonique est né du concept que le philosophe Platon avait de l'amour pur. Pour lui, l'amour est ce qui nous pousse à admirer et à connaître la beauté pure. Platon associait le véritable amour au monde des idées. En résumé, une conception plus spirituelle et mentale que "l'amour terrestre". C'est pour cette raison que nous associons aujourd'hui l'amour idéalisé à la conception platonique de ce sentiment.

Comment conserver l'amour authentique dans un couple

Une relation basée sur l'amour mutuel peut durer des années, cependant, pour maintenir et préserver un amour sain, il est important de s'en occuper au quotidien et d'éviter qu'il ne s'éteigne ou ne devienne un amour toxique et dépendant. Habituellement, lorsque l'on ressent ce genre d'amour, tout est plus facile, la progression de la relation et même les petits obstacles sont surmontés en travaillant ensemble. Cependant, cette constance du sentiment implique un effort de la part des deux personnes, où il n'y a pas seulement des sentiments, mais aussi beaucoup de raison, de volonté et un engagement consciemment nourri.

Si nous sentons que nous ne sommes pas en mesure de maintenir ce sentiment et que nos efforts se terminent par des récriminations envers l'autre, nous pouvons vivre une crise entre les deux personnes. Dans le cas d'être en couple, il faudra travailler sur les attitudes qui ont mené à se sentir mal et, dans les cas extrêmes, il faudra prendre une décision commune pour éviter les infidélités ou des dommages plus importants. Le bien-être émotionnel est essentiel pour maintenir l'amour mutuel, pour cette même raison, il faut s'aimer soi-même et faire attention à ce qui nous fait nous sentir bien, une relation toxique finira par nous intoxiquer et nous blesser. Mieux, une relation toxique finira par nous enivrer et nous blesser.

Conclusion.

Surmonter un chagrin d'amour demande beaucoup de temps et de patience. Cela peut prendre un certain temps avant que votre cœur ne guérisse et que vous puissiez à nouveau envisager l'avenir avec confiance.

Vous n'êtes pas seul à souffrir d'une rupture : la plupart des gens ont vécu cette expérience à un moment ou à un autre de leur vie et peuvent s'identifier à votre situation. Si vous vous ouvrez à vos amis, ils peuvent vous offrir du soutien et des conseils.

Peu importe que votre chagrin d'amour soit récent ou vous tracasse depuis un certain temps : en explorant vos besoins et en prenant des mesures pour y faire face, vous réduisez les risques de problèmes physiques et psychologiques permanents. Avec le temps, vous serez également en mesure de vous ouvrir à nouveau à d'autres personnes.

Rappelez-vous que même si le chagrin d'amour est douloureux, c'est une expérience précieuse qui vous aidera à grandir. Laissez l'amour de vous-même entrer dans votre cœur.

Bonus :

Apprendre à lâcher prise : avec ces conseils et exercices, vous pouvez y arriver.

Que signifie "apprendre à lâcher prise"?

Pour moi, "lâcher prise" est l'un des sujets les plus importants. Je pense que nous ne pouvons vivre pleinement et construire des relations saines que si nous sommes capables de laisser partir le passé.

Il est important de clarifier que "lâcher prise" ne signifie pas nécessairement rompre une relation immédiatement. Bien sûr, vous devriez quitter une relation si vous vous rendez compte que vous êtes avec un partenaire narcissique ou une personne négative. Mais, le plus souvent, "lâcher prise" signifie libérer nos pensées et nos émotions.

Si vous vous accrochez à de vieilles douleurs, cela peut causer un stress émotionnel, qui peut entraîner la dépression, les crises de panique ou des problèmes psychosomatiques tels que des maux de tête, de la difficulté à se concentrer ou des troubles du sommeil. Votre santé mentale et physique dépend de votre capacité à laisser partir le passé. La séparation mentale et émotionnelle avec un ex-partenaire est cruciale.

Si vous vous accrochez à l'ancien, vous ne pourrez pas voir ce qui est nouveau et beau dans votre vie. La douleur du passé vous empêchera de voir votre nouvelle vie.

J'ai travaillé avec de nombreuses personnes qui sont restées accrochées à leur ex-partenaire pendant des années sans jamais pouvoir se remettre de la rupture. Certaines se sont même demandées "Suis-je capable d'être en couple ?" D'autres se sont rendu compte qu'ils s'accrochaient à une relation sans espoir.

Que vous soyez toujours attaché ou que la relation soit terminée, vous devez apprendre à lâcher prise et à vous concentrer sur votre propre bonheur. Sinon, vous resterez lié à votre ex ou à votre douleur passée.

Je vous assure que mettre fin à une relation ne signifie pas la fin du monde. Souvent, c'est le début d'une nouvelle aventure et d'une occasion de connaître plus de bonheur. Et même si essayer de sauver une relation peut être contre-productif dans de nombreux cas et causer plus de souffrance, il est préférable de laisser partir en paix et d'accepter la séparation.

Le processus de lâcher prise

Laisser partir un être cher ou même son âme sœur est un processus douloureux et difficile qui laisse des traces. C'est normal car vous êtes humain. Dans ce chapitre, je vais vous décrire les différentes phases du lâcher-prise, et vous pourrez peut-être vous reconnaître. Les blessures mentales et émotionnelles que j'appelle "énergie bloquée" sont si lourdes qu'il peut être difficile de s'en défaire. Peut-être avez-vous vécu une rupture ou avez-vous même mis fin à une relation toxique.

Cependant, vous avez l'impression de ne pas pouvoir lâcher prise. Votre esprit continue de ressasser des situations qui vous ont blessé, et vous vous demandez ce que vous auriez pu faire pour éviter cette douleur.

Au fil du temps, les pensées négatives et le stress émotionnel peuvent avoir des répercussions physiques. Vous pouvez souffrir de maux de tête, de difficultés à vous concentrer ou d'insomnie. Le stress émotionnel prolongé peut même entraîner des maladies.

Vous vous sentez souvent épuisé et démotivé, sans envie de sortir avec vos amis. Les choses ne vont pas bien au travail non plus. Votre vie semble s'effondrer.

Il est temps d'apprendre à lâcher prise pour guérir : le stress émotionnel et mental vous volent beaucoup d'énergie, et votre corps a besoin de cette énergie pour faire les bonnes choses de la vie.

Il est temps de laisser aller.
Un jour, vous êtes tellement épuisé que vous vous dites "stop". Peut-être que vos maux de tête se sont transformés en migraines chroniques ou que vos troubles du sommeil vous empêchent de mener une vie normale.

Vous savez que les choses ne peuvent pas continuer comme ça et qu'il est nécessaire de changer. Vous avez besoin de l'énergie et de la force nécessaires pour faire des choses qui vous rendent heureux et pour avancer dans votre vie.

Apprendre à lâcher prise : conseils et exercices pour une aide immédiate

Surtout si la rupture a été une surprise pour vous, lâcher prise peut être très difficile. Il est important de comprendre que s'accrocher à un ancien amour n'est pas bénéfique à long terme. Il faudra tôt ou tard apprendre à lâcher prise.
Après une période de deuil appropriée, nous pouvons nous concentrer à nouveau sur nous-mêmes. Ci-dessous, je vous propose quelques conseils éprouvés pour vous aider à lâcher prise :

Accepter le présent

S'accrocher à de vieilles douleurs ne vous sera d'aucun secours. Repenser sans cesse à des situations passées ou à des événements anciens n'améliorera pas votre vie. C'est une forme typique d'auto-sabotage après une rupture, par exemple. Il est important d'accepter la situation telle qu'elle est, de ressentir la douleur, la colère ou la frustration et de les accepter. Apprendre à lâcher prise signifie rester présent dans le moment présent. Le passé est déjà passé, le futur n'est pas encore là. Le présent, cependant, vous pouvez le façonner consciemment à travers vos pensées et vos actions. Essayez de ne pas vous complaire dans les souvenirs anciens. Il peut être difficile, mais il est important d'être honnête avec soi-même et de conserver les souvenirs avec gratitude sans les laisser vous dominer ou vous obséder.
La méditation peut vous aider à accepter la situation : accepter ce qui est sans s'y enfermer mentalement. Vous pourriez remarquer qu'un nœud dans votre poitrine se desserre en acceptant la réalité. Vous pouvez aussi constater que la zone autour de vos épaules se détend. Se débarrasser du poids du passé et des attentes pour l'avenir peut être très libérateur en matière d'amour.

Le pardon et la gratitude

Pardonner, c'est gérer mentalement ses propres erreurs et celles des autres, ce qui réduit les éventuels ressentiments qui en découlent. Le pardon se produit indépendamment de la culpabilité ou des conséquences de l'acte. Vous pouvez pardonner même si vous n'êtes pas excusé. Lorsque vous apprenez à lâcher prise, vous reconnaissez l'imperfection de la nature humaine. Vous n'avez plus besoin de vous juger ou de vous condamner, ni de condamner les autres. Vous découvrirez à quel point le pardon peut être un outil puissant pour vous et pourquoi il peut vous libérer.

Exercice :
Ecrivez sur une feuille de papier ce qui s'est passé entre vous, excusez-vous pour votre rôle dans cet épisode et pardonnez à l'autre personne pour son rôle. Ensuite, brûlez ce morceau de papier dans un bol de feu. Ce geste de brûler symbolise votre relâchement.

Lorsque vous vous pardonnez à vous-même et aux autres, vous êtes libéré de tout ressentiment et vous pouvez être reconnaissant pour les leçons apprises grâce à cette situation. Dans la philosophie stoïcienne, on dit que "l'obstacle est le chemin", ce qui signifie que nous grandissons à travers les difficultés de la vie et que c'est à travers elles que nous formons notre personnalité. Peut-être que grâce à votre expérience douloureuse, vous avez maintenant une meilleure connaissance de vos limites personnelles. Grâce à la souffrance, vous savez ce dont vous avez besoin dans la vie, ce que vous désirez et ce à quoi vous avez droit.
Vous avez appris que parfois il est nécessaire de laisser partir les gens pour se retrouver soi-même et être heureux.

Remplissez-vous positivement :
Pour vous aider à apprendre à lâcher prise, voici une petite expérience de pensée : imaginez que vous êtes votre propre partenaire. Vous êtes ensemble 24 heures sur 24, 7 jours sur 7 pour le reste de votre vie. Que ressentez-vous à cette idée ?
Comment traitez-vous cette relation avec vous-même ? Parlez-vous avec amour ? Vous invitez-vous à des rendez-vous romantiques ? Cuisinez-vous quelque chose de délicieux pour vous-même le soir ? Lisez-vous des articles intéressants ? Vous faites-vous des compliments régulièrement ?

Pouvez-vous apprendre à vous aimer ?

Dans votre vie quotidienne, observez très attentivement la façon dont vous vous traitez. Décririez-vous votre relation avec vous-même comme étant heureuse et harmonieuse ? Votre relation avec vous-même repose-t-elle sur les piliers de l'appréciation, de l'amour, du respect et de la confiance ? Seriez-vous malheureux si votre partenaire vous traitait comme vous vous traitez vous-même ? La façon dont vous vous parlez et dont vous vous traitez influence la qualité de vos relations à l'extérieur. Vous pouvez apprendre à vous remplir de pensées et de sentiments positifs. Si vous vous traitez avec amour, appréciation et respect, vous pouvez attirer de nouvelles et belles expériences et personnes dans votre vie.

Prenez la décision consciente de lâcher prise

Un exercice pratique pour se libérer du passé est ce qu'on appelle la coupure des liens énergétiques.

Exercice : Attachez une corde ou un ruban autour de votre ventre et attachez l'autre extrémité à une poignée de porte. Dans votre esprit, imaginez que cette corde vous relie à votre ex-partenaire. Après avoir prononcé les mots suivants : "Je te pardonne. Je me pardonne aussi. Je vous remercie". Coupez la corde entre vous avec des ciseaux. Couper la corde symbolise que vous pouvez maintenant laisser partir l'amour.

Prenez conscience de vos peurs

Qu'est-ce qui pourrait arriver de pire si vous lâchiez ce à quoi vous vous accrochez actuellement ? Avez-vous peur d'être seul à jamais ? Avez-vous peur de prendre la mauvaise décision ? Avez-vous peur de perdre ou de vous engager ?

Exercice : Fermez les yeux et imaginez que vous avez déjà lâché prise. Comment est votre vie maintenant ? Vos peurs se sont-elles réalisées ? Comment vous sentez-vous maintenant que vous avez laissé partir l'amour ?

Si nous imaginons à l'avance le "pire des scénarios" dans nos pensées, les situations dans la réalité semblent moins menaçantes. Comme nous avons déjà ressenti les émotions grâce au pouvoir de nos pensées, nous ne sommes plus pris au dépourvu par celles-ci dans la situation réelle.

Pratiquer l'acceptation

Même si nous voulons changer les autres en notre faveur, nous ne pouvons changer que nous-mêmes. Il est important de s'accepter soi-même et d'accepter la personne qui nous a blessé telle qu'elle est. Apprendre à lâcher prise, c'est être capable de faire preuve de cette acceptation.

Le processus de développement personnel est un parcours hautement personnel. Chacun le suit à sa manière et à son rythme. Peut-être que vous êtes allé plus vite que votre partenaire à un moment donné. Peut-être que vous avez décidé de prendre un autre chemin à un croisement de la route.

Si vous gardez les yeux sur votre propre chemin, vous verrez combien de personnes marchent déjà avec vous sur ce chemin. Ce sont les personnes qui correspondent à vous et à votre vie. Il peut également vous aider à découvrir quel type de relation vous êtes. Ainsi, vous saurez encore mieux à l'avenir quels sont vos besoins, par exemple dans le cadre d'un partenariat.

Rencontrer des personnes

Rencontrez des gens qui ont vécu des situations similaires. C'est très utile de parler à des personnes qui se trouvent dans la même situation ou qui l'ont déjà surmontée avec succès. L'échange est fondamental pour nous, les êtres humains, car nous avons besoin du sentiment d'être compris et d'appartenir à un groupe.
Évitez les contacts avec des personnes qui sont dans des situations de vie négatives et qui n'ont aucun désir de se développer davantage.

Ce genre de personnes peuvent freiner votre propre développement personnel.

Gérer les sentiments négatifs

Les sentiments négatifs ne sont pas agréables, mais ils font partie de la vie. Les sentiments positifs sont agréables car nous connaissons la douleur des sentiments négatifs.
Pour surmonter les sentiments négatifs, il faut les ressentir pleinement. C'est seulement en les ressentant que nous pouvons décider de ce que nous allons en faire. Apprendre à les surmonter consiste à nommer les sentiments négatifs, à les ressentir et ensuite à les laisser partir. J'aime le faire pendant ma pratique quotidienne de méditation. C'est là que je me concentre sur mes propres sentiments. Observez votre sentiment sous toutes les coutures.
Comment se présente votre sentiment ? Quelle est sa couleur ? Qu'est-ce que cela fait ? Est-il mou ou dur ? Peut-être est-il même un peu glissant ? Après avoir bien examiné votre sentiment, réfléchissez à ce que vous voulez en faire maintenant. Si vous voulez le laisser partir, remerciez-le pour les informations qu'il vous a données. Puis dites adieu à ce sentiment et laissez-le partir. Toutefois, il ne faut pas confondre les sentiments négatifs avec les pensées négatives répétitives. Celles-ci peuvent avoir un impact négatif sur la qualité de vie, par exemple en empêchant de dormir la nuit. Il ne faut pas se laisser aller à ces ruminations en permanence. Apprenez plutôt à arrêter efficacement une spirale de pensées négatives.

Créez un tableau d'affichage

Un tableau d'affichage est un outil puissant pour visualiser vos visions, vos rêves et vos désirs. Elle vous aide à définir vos objectifs et à vous en rapprocher, étape par étape.

Qu'est-ce qui vous rend heureux dans la vie ?

Qu'est-ce qui vous rend heureux si personne ne vous dit ce qui vous rend heureux ? C'est ce que vous devez découvrir. Assurez-vous de répondre également à la question : Qu'est-ce qui fait une bonne relation pour vous ?

Par exemple, j'ai réalisé il y a quelques années que le yoga me rendait heureux. Et je ne suis pas surpris qu'une nouvelle étude de la faculté de médecine de l'université de New York ait révélé que le yoga peut avoir un effet positif sur le psychisme et le bien-être. La pratique quotidienne aide de nombreuses personnes à gérer les sentiments d'anxiété.

Exercice : Prenez une feuille de papier et notez toutes les activités et tous les objectifs qui vous rendent heureux. Classez ensuite ces activités et ces objectifs par ordre de priorité. Au sommet de la liste, vous trouverez votre souhait le plus cher, et à la fin de la liste, l'activité ou l'objectif qui est agréable, mais pas absolument nécessaire.

De cette manière, vous pouvez visualiser ce qui est important pour vous dans votre vie, ce qui vous donne de l'énergie et de la force.

Combien de temps faut-il pour apprendre à lâcher prise ?

Combien de temps faut-il pour apprendre à lâcher prise ? Apprendre à lâcher prise n'est pas une tâche facile. Il faut donc beaucoup de temps avant que les méthodes deviennent une seconde nature. Cela ne peut pas être accompli en appuyant simplement sur un bouton. C'est un processus auquel tout le monde doit faire face à un moment donné de sa vie pour atteindre un bonheur plus élevé. Ce processus peut être accéléré, mais cela nécessite d'abord une réflexion sur votre développement personnel.

Il est difficile de mettre fin à une ancienne relation, qu'il s'agisse d'amour, de famille ou d'amitié. Il peut prendre des semaines, des mois ou même des années pour surmonter la douleur et véritablement apprendre à lâcher prise.

Heureusement, en changeant de perspective, en dissolvant les croyances et les comportements, et en pratiquant des exercices, nous pouvons trouver un moyen sain de lâcher prise lorsque c'est nécessaire. Le but est de grandir en tant qu'être humain. Apprendre à lâcher prise peut être difficile et nécessite beaucoup de force et de courage. Mais si vous vous lancez, vous découvrirez finalement une incroyable liberté intérieure.

C'est seulement une fois que vous avez vraiment lâché une relation que vous pouvez vous concentrer sur la recherche du partenaire idéal.

Bonne chance.

Printed in France by Amazon
Brétigny-sur-Orge, FR